MAKING OUT IN

CHINESE

T0160682

MAKING OUT IN CHINESE

Revised & Expanded Edition

Ray Daniels
revised by **Haiyan Situ** and **Jiageng Fan**

TUTTLE Publishing

Tokyo | Rutland, Vermont | Singapore

Published by Tuttle Publishing, an imprint of Periplus Editions (HK) Ltd.

www.tuttlepublishing.com

Copyright © 2015 Periplus Editions (HK) Ltd.
All rights reserved.
Illustrations by Akiko Saito

LCC Card No. 2009290503
ISBN 978-0-8048-4357-7

Printed in Singapore

Distributed by:
North America, Latin America & Europe
Tuttle Publishing
364 Innovation Drive,
North Clarendon VT 05759-9436, USA
Tel: 1 (802) 773 8930; Fax: 1 (802) 773 6993
info@tuttlepublishing.com; www.tuttlepublishing.com

Japan
Tuttle Publishing, Yaekari Building 3F
5-4-12 Osaki, Shinagawa-ku
Tokyo 141-0032, Japan
Tel: (81) 3 5437 0171; Fax: (81) 3 5437 0755
sales@tuttle.co.jp; www.tuttle.co.jp

Asia Pacific
Berkeley Books Pte. Ltd.
61 Tai Seng Avenue #02-12
Singapore 534167
Tel: (65) 6280-1330; Fax: (65) 6280-6290
inquiries@periplus.com.sg; www.periplus.com

18 17 16 15   5 4 3 2   1509CP

TUTTLE PUBLISHING® is a registered trademark of Tuttle Publishing,
a division of Periplus Editions (HK) Ltd.

Contents

Introduction

The idea behind *Making Out In Chinese* is to aid those who wish to speak real Chinese rather than the dry textbook style taught all over the world. No one really speaks textbook English, and the same is true of Chinese, so why not make out using real everyday Chinese? This book will save students valuable study time so that they can quickly move on to communicate naturally. I hope you will be successful in your attempts at making out in Chinese!

INFORMATION

Customs, habits, and traditions vary greatly throughout the world, and the traveler must take this into consideration when encountering other cultures. In my travels throughout China, I have often heard the expression: **Nǐmen xīfāngrén hěn kāifàng, wǒmen zhōngfāngrén hěn bāoshǒu.** 你们西方人很开放，我们中方人很保守。(You Westerners are very liberal. We Chinese are very conservative). The forwardness of Western men and women, particularly in dealings with the opposite sex, has left many Chinese with the impression that Westerners are lacking in morals. If you are amorously interested in a Chinese, or just want to make friends, an indirect approach is recommended. It's better to give subtle hints about your feelings rather than just come out with them directly. The more subtle you are, the more well-intentioned you will seem.

The phrases in this book will be comprehensible in all Chinese-speaking countries. However, the degree of openness, especially in sexual matters, differs from country to country. My own personal ranking, from most liberal to most conservative, is as follows: Hong Kong, mainland China, Macao, Taiwan, Singapore, Malaysia. My high ranking of mainland China may surprise some, but a great deal of openness is due to the number of Chinese seeking a foreign partner (and passport!).

PRONUNCIATION TIPS

All words in Chinese have a tone, and an incorrect tonal pronunciation can greatly change a word's meaning. For example:

The first tone (¯): The word **mā** 妈 spoken with first tone means "mother." The first tone is an even pitched sound, almost like singing.

Second tone (´): The word **má** 麻 with second tone means "hemp." The second tone rises, like one would say the word "right?"

Third tone (ˇ): The word **mǎ** 马 spoken with the third tone means "horse." It is pronounced with a lowering of the voice.

Fourth tone (`): The word **mà** 骂 with fourth tone means "to scold" (for instance, if one were to reprimand someone, one would **mà**! the said individual). The fourth tone is spoken sharply, like the word "Damn!"

There is one more tone, **ma**, referred to by the Chinese as "light sound," which indicates that the syllable should be spoken like the fourth tone pronunciation of the word "Damn!" except shorter (as if the speaker had tried to say "Damn" but only had time to pronounce the "da").

I advise the reader not to worry about the tones but to focus on the phonetic transcriptions which have been written so that English speakers can pronounce them easily. Just as English is spoken with different accents, so is Chinese; learners of Chinese must therefore develop an ear for the language.

CONSONANTS

The following offers a guide to the pronunciation of the standard *Hanyu Pinyin* system of romanization, which is used almost all over the world.

Most consonants are pronounced as in English.

CHINESE	ENGLISH
c	i*ts*
q	*ch*eat (said with a puff of air)
r	*ur*n
x	*sea*
z	bi*ts*
ch	*ch*urch (said with one's tongue rolled back and with a puff of air)
sh	*sh*it (said with one's tougue rolled back)
zh	*je*rk (said with one's tongue rolled back)

VOWELS

CHINESE	ENGLISH
a	*fa*ther
e	*he*n
i	p*i*n (A simple "i" is pronounced as "e" in *he*)
o	g*o*
u	J*u*ly
ū	*feu*d (said with rounded lips)
ao	h*ow*
ei	h*ay*
ou	n*o* (said with a slight pull)
ui	*wai*t

The more challenging combinations are as follows:

CHINESE	ENGLISH
ci	i*ts*
qi	*ch*ip
si	*s*wing
zi	bi*ts*

The "i" in ci, si and zi is silent.

In the subsequent sections of the book, the *Hanyu Pinyin* system of romanization is presented on the right with phonetic transcriptions given below it. Phonetic transcriptions are included to cue you in on the English equivalent of a speech sound in the *Hanyu Pinyin* system.

TENSES

Tenses are expressed simply in Chinese. If you want to express that you already did something, you can add the word **le** 了 at the end of the sentence. If you wish to express that you will do something, you can use the words **jiāng huì** 将会. For example, "I will go" is **Wǒ jiāng huì qù** 我将会去. A sentence can also be made past or future by the use of time words such as **míng tiān** 明天 (tomorrow) or **zuó tiān** 昨天 (yesterday). Time is usually mentioned at the beginning of a sentence. For example, "I will go tomorrow" is **Wǒ míng tiān qù** 我明天去; "I went yesterday" is **Wǒ zuó tiān qù le** 我昨天去了.

1

Basic Phrases

Who?	**Shéí?** *Sháy?* 谁？
What?	**Shén me?** *Shém-mǔh?* 什么？
Where?	**Nǎ lǐ?** *Nár-lǐ?* 哪里？
When?	**Shén me shí hòu?** *Shém-mǔh shér-hò?* 什么时候？
Why?	**Wèi shén me?** *Wày shém-mǔh?* 为什么？

How?	**Zěn me yàng?** *Dzěm mǔh yàng?* 怎么样？
Whose?	**Shuí de?** *Sháy dǔh?* 谁的？
This	**Zhè ge.** *Jùh-gǔh.* 这个。
That	**Nà ge.** *Nàh-gǔh.* 那个。
Here	**Zhè lǐ.** *Jùh-lǐ.* 这里。
There	**Nà lǐ.** *Nàh-lǐ.* 那里。
If	**Rú guǒ.** *Rú-guǒ.* 如果。
But	**Dàn shì.** *Dèn-shèr.* 但是。

However

Kě shì.
Kǔh shèr.
可是。

Nevertheless

Bú guò.
Bú-guò.
不过。

Because

Yīn wéi.
Īng-wáy.
因为。

Thus

Nà me.
Nàh-mǔh.
那么。

So, therefore

Suó yǐ.
Suó-ǐ.
所以。

Yes

Shì de.
Shèr dǔh.
是的。

The verb "to be"

Shì.
Shèr.
是。

No

Bù.
Bù.
不。

Bú shì de.
Bú shèr dŭh.
不是的。

Maybe

Kě néng.
Kŭh núng.
可能。

Maybe not

Kě néng bú shì.
Kŭh-núng bú shèr.
可能不是。

I

Wǒ
Wǒ
我

Alternatively, use 俺 (**ǎn**) for "I." This will sound goofy (since people who use it are those who live in the back country) and is sure to break some ice.

You

Nǐ
Nǐ
你

He/She/It

Tā
Tā
他／她／它

We

Wǒ men
Wǒ-mĕn
我们

You (plural)	**Nǐ men** *Nǐ-mền* 你们
They	**Tā men** *Tā-mền* 他们／她们／它们
Don't ...	**Bú yào…** *Bú yòw…* 不要…
I would like to	**Wǒ xiǎng… .** *Wǒ shiǎng… .* 我想…。
I don't want to	**Wǒ bù xiǎng… .** *Wǒ bù shiǎng… .* 我不想…。
Hear, listen	**Tīng** *Tīng* 听
See, look	**Kàn** *Kàn* 看
Smell	**Wén** *Wén* 闻

Touch.	**Mō** *Mō* 摸
Listen to me!	**Tīng wǒ shuō!** *Tīng wǒ shuō!* 听我说！
Have you seen Lee?	**Nǐ kàn dào lǐ le ma?** *Nǐ kàn dòw lěe lǔh mǎ?* 你看到李了吗？
I saw Lee.	**Wǒ kàn dào lǐ le.** *Wǒ kàn dòw lěe lǔh.* 我看到李了。
I want to go and see you!	**Wó xiǎng qù kàn nǐ!** *Wó shiǎng chìu kàn nǐ!* 我想去看你！
I want to meet you!	**Wó xiǎng jiàn nǐ!** *Wó shiǎng jièn nǐ!* 我想见你！
I'll show it to you.	**Wó gěi nǐ kàn.** *Wó gǎy nǐ kàn.* 我给你看。
Please (polite)	**Qǐng.** *Chǐng.* 请。

Please (begging)   **Bài tuō.**
                            Bài-tuō.
                            拜托。

Also means "please" as in "What do you take me for?"

Thank you.
Xiè xie.

You're welcome.
Bú-xiè.

Thank you.

Xiè xie.
Shièh-shièh.
谢谢。

You're welcome.

Bú-xiè.
Bú-shièh.
不谢。

Another way to say "You're welcome" is

Bú yòng xiè
Bú yòng shièh
不用谢。

Don't mention it.

Bú kè qì.
Bú kùh-chèe.
不客气。

Where is the toilet?

Cè suǒ zài nǎr?
Tsè-suǒ zài nǎr?
厕所在哪儿?

Where is the washroom?

Xí shǒu jiān zài nǎr?
Shí shǒu jiān zài nǎr?
洗手间在哪儿?

In China, public toilets often have an English sign that says "WC."

What is this?

Zhè shì shén me?
Jùh shèr shém-mǔh?
这是什么?

What is this/that called?

Zhè ge/Nà ge jiào
   shén me?
*Jùh-gŭh/Nàh-gŭh jiòw
   shém-mŭh?*
这个 / 那个叫什么？

What does ... mean?

... shì shén me yì si?
... shèr shém-mŭh ì-sẑ?
…是什么意思？

How do you pronounce this?

Zhè ge zěn me niàn?
Jùh gŭh dzĕm-mŭh nièn?
这个怎么念？

I have a question.

Wǒ yǒu yí ge wèn tí.
Wǒ yǒ í-gŭh wèn-tí.
我有一个问题。

Do you understand?

Dǒng bu dǒng?
Dǒng bŭ dǒng?
懂不懂？

Are you clear about it?

Nǐ míng-bai ma?
Nǐ míng-băi mǎ?
你明白吗？

I don't understand.

Wǒ bù dǒng.
Wǒ bù dǒng.
我不懂。

I am not clear
(on this matter)

Wǒ bù míng bai.
Wǒ bù míng-bǎi.
我不明白。

I know.

Wǒ míng bai.
Wǒ míng-bǎi.
我明白。

I understand.

Wó dǒng.
Wó dǒng.
我懂。

Please explain.

Qǐng jiě shì.
Chǐng jiěh shèr.
请解释。

Please clarify.

Qǐng shuō míng.
Chíng shuō míng.
请说明。

Complex

Fù zá
Fù-záh
复杂

Simple, easy

Jiǎn dān
Jiěn-dān
简单

Difficult

Kùn nan
Kwèn-nǎn
困难

No wonder.　　　Guài bu dé.
　　　　　　　　　Guài bǔ dúh.
　　　　　　　　　怪不得。

It's obvious.　　　Hěn míng xiǎn.
　　　　　　　　　Hǔn míng shiěn.
　　　　　　　　　很明显。

I know.　　　Wǒ zhī dào.
　　　　　　　　　Wǒ jēr-dòw.
　　　　　　　　　我知道。

I don't know.　　　Wǒ bù zhī dào.
　　　　　　　　　Wǒ bù jēr-dòw.
　　　　　　　　　我不知道。

I forgot.　　　Wǒ wàng jì le.
　　　　　　　　　Wǒ wàng-jì lǔh.
　　　　　　　　　我忘记了。

I remember.　　　Wǒ jì de.
　　　　　　　　　Wǒ jì dǔh.
　　　　　　　　　我记得。

Tell me.　　　Gào su wǒ.
　　　　　　　　　Gòw-sǔ wǒ.
　　　　　　　　　告诉我。

What did you say?　　　Nǐ shuō shén me?
　　　　　　　　　Nǐ shuō shém-mǔh?
　　　　　　　　　你说什么？

Is it OK?

Hǎo bu hǎo?
Hǒw bǔ hǒw?
好不好？

Is it acceptable?

Kě yǐ ma?
Kǔh-ǐ mǎ?
可以吗？

Can you do it?

Xíng ma?
Shíng mǎ?
行吗？

No way (you don't have permission).

Bù xíng!
Bù shíng!
不行！

Have permission.

Xíng.
Shíng.
行。

Either is fine.

Dōu kě yǐ.
Dōh kǔh-ǐ
都可以。

Is this right?

Duì bu duì?
Dwày bǔ dwày?
对不对？

Right

Duì.
Dwày.
对。

By the way.

Shùn biàn shuō.
Shuèn-bièn shuō.
顺便说。

Wrong

Bú duì.
Bú dwày.
不对。

Success

Chéng gōng.
Chúng gōng.
成功。

Failure

Shī bài.
Shēr bài.
失败。

Almost

Jīhū.
Jī-hǔ.
几乎。

Same

Yí yàng.
Ī-yàng.
一样。

About the same.

Chā bù duō.
Chā bù-duō.
差不多。

Imitate

Mó fǎng.
Muó fǎng.
模仿。

I'm in trouble!

Wǒ yǒu má fan le!
Wǒ yǒ má-fǎn lǔh!
我有麻烦了！

**What's wrong
with you?**

Nǐ zěn me le?
Nǐ dzěm-mǔh lǔh?
你怎么了？

What's wrong?

Yǒu shén me wèn tí?
Yǒ shém-mǔh wèn-tí?
有什么问题？

Nothing's wrong!

Méi wèn tí!
Máy wèn-tí!
没问题！

**You are all right,
are you?**

Nǐ méi shì ba?
Nǐ máy shèr bǎ?
你没事吧？

Do you need help?

Nǐ xū yào bāng zhù ma?
Nǐ shiū yòw bāng-jù mǎ?
你需要帮助吗？

I need help.

Wǒ xū yào bāng zhù.
Wǒ shiū yòw bāng-jù.
我需要帮助。

I don't need help.

Wǒ bù xū yào bāng zhù.
Wǒ bù shiū yòw bāng-jù.
我不需要帮助。

I'll help you do it.

Wǒ bāng nǐ zuò.
Wǒ bāng nǐ dzuò.
我帮你做。

Help me.

Bāng wǒ yí xià.
Bāng wǒ í-shiàh.
帮我一下。

Help!

Jiù mìng!
Jioù-mìng!
救命！

Be careful!

Xiǎo xīn!
Shiǎu shīn!
小心！

Dangerous!

Wēi xiǎn!
Wāy-shiěn!
危险！

Careless.

Bù xiǎo xīn.
Bù shiǎu shīn.
不小心。

I'm sick.

Wǒ bìng le.
Wǒ bìn lǔh.
我病了。

Where's the hospital?

Yī yuàn zài nǎr?
Ī-yuèn zài nǎr?
医院在哪儿？

How much?

Duō shao?
Duō shau?
多少？

Buy it!

Mǎi xià lái!
Mǎi shiàh lái!
买下来！

I don't want to buy it.

Wǒ bù xiǎng mǎi.
Wǒ bù shiǎng mǎi.
我不想买。

It's too expensive!

Tài guì le!
Tài guày lǔh!
太贵了！

Very poor quality.

Zhì liàng bù hǎo.
Jǐ liàng bù hǒw.
质量不好。

Give me a better price.

Suàn pián yi diǎn.
Swàn pién-î diěn.
算便宜点。

Do you want it?

Yào bu yào?
Yòw bǔ yòw?
要不要？

I want … .

Wǒ yào… .
Wǒ yòw… .
我要…。

I don't want ... .   **Wǒ bú yào... .**
Wǒ bú yòw... .
我不要…。

Please give me   **Qǐng gěi wǒ huàn líng qián.**
change.   *Chǐng gáy wǒ huàn líng-chién.*
请给我换零钱。

Enough?   **Gòu le ma?**
Gò lǔh mǎ?
够了吗？

Enough.   **Gòu le.**
Gò lǔh.
够了。

Not enough.   **Bú gòu.**
Bú gò.
不够。

Satisfied?   **Mǎn yì ma?**
Mǎn-ì mǎ?
满意吗？

Satisfied.   **Mǎn yì.**
Mǎn-ì.
满意。

Not satisfied.   **Bù mǎn yì.**
Bù mǎn-ì.
不满意。

Separate.

Fēn kāi.
Fēn-kāi.
分开。

Put together.

Fàng zài yì qī.
Fàng zài ì-chǐ.
放在一起。

All together.

Yí gòng.
Í-gòng.
一共。

It's OK (acceptable).

Hái kě yǐ.
Hái kǔh-ǐ.
还可以。

Give it to me.

Gěi wǒ.
Gáy wǒ.
给我。

Here, take it.

Ná qù ba.
Náh chìu bǎ.
拿去吧。

Hold this.

Ná zhe.
Náh jǔh.
拿着。

I have ... .

Wǒ yǒu... .
Wǒ yǒ... .
我有…。

I don't have ... .

Wǒ méi yǒu... .
Wó máy yǒ... .
我没有⋯。

What's next?

Jiē xià lái ne?
Jiēh shiàh lái nǔh?
接下来呢？

Last time.

Shàng cì.
Shàng ts.
上次。

This time.

Zhèi cì.
Jày ts.
这次。

Next time.

Xià cì.
Shiàh ts.
下次。

A long time ago.

Hěn jiǔ yǐ qián.
Hǔn jioǔ ǐ-chién.
很久以前。

Just a moment ago.

Gāng cái.
Gāng tsái.
刚才。

After

Yǐ hòu
Ǐ-hò
以后

Before	**Yǐ qián** *Ǐ-chién* 以前
Time	**Shí jiān** *Shí jiēn* 时间
What time? (When?)	**Shén me shí hòu?** *Shém-mǔh shér-hò?* 什么时候？
What time is it (now)?	**Xiàn zài jǐ diǎn le?** *Shièn zài jǐ-diěn luh?* 现在几点了？
Sometimes.	**Yǒu shí hòu.** *Yǒ shér-hò.* 有时候。
Often.	**Jīng cháng.** *Jīng-cháng.* 经常。
Seldom.	**Hěn shǎo.** *Hǔn shǎo.* 很少。
Occasionally.	**Ǒu'ěr.** *Ǒ-ěr.* 偶尔。

Never

Cóng lái méi yǒu
Tsóng lái máy yǒ
从来没有

Not even once.

Yí cì dōu méi yǒu.
Í-ts dōh máy yǒ.
一次都没有。

At long last/finally

Zǒng suàn.
Jǒng swàn.
总算。

Forever

Yóng yuǎn.
Yóng yuǎn.
永远。

Please fix ... .

Qǐng xiūlǐ... .
Chǐng shioū-lǐ... .
请修理…。

Of course.

Dāng rán.
Dāng rán.
当然。

Convenient.

Fāng biàn.
Fāng-bièn.
方便。

Not convenient.

Bù fāng biàn.
Bù fāng-bièn.
不方便。

Definitely/For sure.	**Yí dìng.** *Í-dìng.* 一定。
Not definitely/ Not necessarily.	**Bù yí dìng.** *Bù í-dìng.* 不一定。
It's impossible.	**Bù kě néng.** *Bù kǔh-núng.* 不可能。
It's possible.	**Kě néng.** *Kǔh-núng.* 可能。
No patience.	**Méi nài xīn.** *Máy nài shīn.* 没耐心。
No confidence.	**Méi xìn xīn.** *Máy shìn shīn.* 没信心。
Don't worry!	**Bú yào dān xīn!** *Bú yòw dān shīn!* 不要担心！
Be happy!	**Gāo xìng yì diǎn!** *Gāu-shìng ì-diěn!* 高兴一点！

Happy Birthday!

Shēng rì kuài lè!
Shēng rì kwài-lùh!
生日快乐！

Happy.

Gāo xìng.
Gāu-shìng.
高兴。

Lucky.

Xìng yùn.
Shìng Yuèn.
幸运。

Unlucky.

Dǎo méi.
Dǒw-máy.
倒霉。

Unfortunate.

Bú xìng.
Bú shìng.
不幸。

2

Getting Acquainted

Although more and more Chinese are savvy about the outside world nowadays (compared with say, the 1990s) foreignness still attracts attention in smaller towns and rural areas. Relax and do not feel offended when people stare at you.

Object politely if you feel uncomfortable about the attention, but keep cool and be gracious—the most friendly xenophiles can become xenophobes if they feel "looked down upon." Keeping face is universally important in Chinese culture for locals and travelers alike.

If you find yourself rubbing shoulders with the wealthy, especially in cities, be wary of showing off your valuables and passport. The urban rich are very cosmopolitan, enjoying shopping and entertainment in the world's major cities, so it's considered bad taste to make a big deal of your possessions and the place you come from. This is arguably not the case in smaller cities.

Ice-breakers involving communism and Sino-Japanese wars are probably best avoided, since almost no one will find them amusing.

What's your family name?	**Nín guì xìng?** *Nín guày shìng?* 您贵姓？

This is a very polite way to ask someone's name and should be said when meeting someone for the first time. **Nín** is an especially polite form of "you," and **guì** means "honorable."

What's your name?	**Nǐ jiào shén me míng zi?** *Nǐ jiòw shém-mǔh míng-dzù?* 你叫什么名字？
Hi, how's it going?	**Nǐ hǎo ma?** *Nǐ hǒw mǎ?* 你好吗？
How are you?	**Zěn me yàng?** *Dzěm-mǔh yàng?* 怎么样？
How have you been lately?	**Nǐ zuì jìn zěn me yàng?** *Nǐ dzuày jìn dzěm-mǔh yàng?* 你最近怎么样？
I'm fine.	**Wǒ hěn hǎo.** *Wǒ hǔn hǒw.* 我很好。

I'm happy.

Wǒ hěn kuài lè.
Wǒ hǔn kwài lùh.
我很快乐。

I feel sad.

Wǒ jué de nán guò.
Wǒ juáy-dǔh nán-guò.
我觉得难过。

I feel tired.

Wǒ jué de lèi.
Wǒ juáy-dǔh lày.
我觉得累。

I've got a headache.

Wǒ tóu téng.
Wǒ tó túng.
我头疼。

I feel sick.

Wǒ jué de bù shū-fu.
Wǒ juáy dǔh bù shū-fǔ.
我觉得不舒服。

I'm sleepy.

Wó xiǎng shuì jiào.
Wó shiǎng shuày-jiòw.
我想睡觉。

What have you been up to lately?

Zuì jìn máng shén me?
Dzuày jìn máng shém-mǔh?
最近忙什么？

Long time no see.	**Hǎo jiǔ bú jiàn.** *Hów jioǔ bú-jièn.* 好久不见。

This statement was originally a Chinese expression and has become an English one. It is a literal translation.

My Chinese/ English is poor.	**Wǒ-de Zhōng-wén/Yīng- wén bù hǎo.** *Wǒ-důh Jōng-wén/Īng- wén bù hǒw.* 我的中文 / 英文不好。
Please speak in English.	**Qǐng jiǎng Yīng-wén.** *Chǐng jiǎng Īng-wén.* 请讲英文。
Please speak in Chinese.	**Qǐng jiǎng Zhōng-wén.** *Chǐng jiǎng Jōng-wén.* 请讲中文。
Please speak slower.	**Qǐng shuō màn yì diǎn.** *Chǐng shuō màn ì-diěn.* 请说慢一点。
Please say it again.	**Qǐng zài shuō yí biàn.** *Chǐng zài shuō í-bièn.* 请再说一遍。
What do you mean?	**Nín de yì si shì shén me?** *Nǐn důh ì-sż shèr shém-můh?* 您的意思是什么？

What do you want to say?

Nǐ yào shuō shén me?
Nǐ yòw shuō shém-mǔh?
你要说什么？

Please come in.

Qǐng jìn.
Chǐng jìn.
请进。

Do you want to sit down?

Nǐ yào zuò ma?
Nǐ yòw dzuò mǎ?
你要坐吗？

Please sit down.

Qǐng zuò.
Chǐng dzuò.
请坐。

May I sit down?

Wǒ kě yǐ zuò ma?
Wǒ kǔh-ǐ dzuò mǎ?
我可以坐吗？

Someone is sitting here.

Zhè ge wèi zi yǒu rén zuò.
Jùh gǔh wày-dẑ yǒ rén dzuò.
这个位子有人坐。

Where are you from?

Nǐ cóng nǎ lái de?
Nǐ tsóng nǎr lái dǔh?
你从哪来的？

What do you do for a living?

Nǐ zuò shén me gōng zuò?

Nǐ dzuò shém-muh gōng-dzuò?

你做什么工作？

How old are you?

Nǐ jǐ suì?*

Nǐ jǐ swày?

你几岁？

Nín duō dà?**

Nín duō dàh?

您多大？

* Question put to children.
** Question put to adults.

How long have you been here?

Nǐ zài zhè duō jiǔ le?

Nǐ dzài jèr duō jioǔ lǔh?

你在这多久了？

What are you interested in?

Nǐ duì shén me yǒu xìng qù?

Nǐ dwày shém-muh yǒ shìng-chìu?

你对什么有兴趣？

What's your hobby?

Nǐ yǒu shén me ài hào?

Ní yǒ shém-muh ài-hòw?

你有什么爱好？

My hobbies are ... .

Wǒ de ài hào shì... .

Wǒ-dǔh ài-hòw shèr... .

我的爱好是…。

I'm interested in it.	**Wǒ duì zhè ge yǒu xìng qù.**
	Wǒ dwày jùh gǔh yǒ shìng-chìu.
	我对这个有兴趣。
I'm not interested in it.	**Wǒ méi xìng qù.**
	Wǒ máy shìng-chìu.
	我没兴趣。
It means nothing to me.	**Bú suàn shén me.**
	Bú swàn shém-mǔh.
	不算什么。
I like	**Wó xǐ huān... .**
	Wó shǐ-huān... .
	我喜欢…。
I don't like	**Wǒ bù xǐ huān... .**
	Wǒ bù shǐ-huān... .
	我不喜欢…。
I hate	**Wǒ tǎo yàn... .**
	Wǒ tǎu-yèn ... .
	我讨厌…。
I loathe	**Wǒ hèn... .**
	Wǒ hùn... .
	我恨…。

Very strong statement and is seldom said.

Have you done ... before?	**Nǐ yǐ qián zuò... guò ma?** *Nǐ ǐ-chién dzuò... guò mǎ?* 你以前做…过吗？
What is your religion?	**Nǐ xìn shén me jiào?** *Nǐ shìn shém-mǔh jiòw?* 你信什么教？

Although talking about religion is not a serious matter in most cases, you still want to be cautious about it, especially in matters involving Islam.

Buddhism	**Fó jiào** *Fó jiòw* 佛教
Taosim	**Dào jiào** *Dòw jiòw* 道教
Christian	**Jī dū jiào** *Jī-dū jiòw* 基督教
Catholic	**Tiān zhǔ jiào** *Tīen jǔ jiòw* 天主教
Muslim/Islam	**Huí jiào** *Huáy jiòw* 回教

Atheist	**Wú shén lùn zhě**
	Wú shén luèn jǔh
	无神论者

No religion	**Bú xìn jiào**
	Bú shìn jiòw
	不信教

Sleep	**Shuì jiào**
	Shuày jiòw
	睡觉

This is a common joke as "sleep" sounds like a religion. Notice the ending *jiòw*.

What's your blood type?	**Nǐ shì shén me xuè xíng?**
	Nǐ shèr shém-mǔh shueh shíng?
	你是什么血型？

In Asia, some people believe this is an indicator of your temperament. The following explanation of the four blood types is meant only to be an ice-breaker during a conversation.

Type A : Tender, neat, and kind; they make good wives.
Type B : Loving, cute, active, and humorous.
Type O : Bad tempered, good decision makers; they are typical leaders and are wise; they make good elder brothers.
Type AB : Weird geniuses; sometimes thought to be crazy and emotional.

I'm type A.	**Wǒ shì (Ā) xíng.**
	Wǒ shèr (Ā) shíng.
	我是 A 型。

What's your year sign?	**Nǐ shǔ shén me?**
	Nǐ shǔ shém-mǔh?
	你属什么?

This is concerned with Chinese zodiac. Each year is denoted by one of twelve different animals. Your animal-year is supposed to be an indicator of your personality.

My year sign is ...	**Wǒ shǔ... .**
	Wǒ shǔ... .
	我属…。

Mouse/Rat	**Shǔ**
	Shǔ
	鼠

Ox	**Niú**
	Nioú
	牛

Tiger	**Hǔ**
	Hǔ
	虎

Rabbit	**Tù**
	Tù
	兔

Dragon	**Lóng** *Lóng* 龙
Snake	**Shé** *Shúh* 蛇
Horse	**Mǎ** *Mǎ* 马
Sheep/Goat	**Yáng** *Yáng* 羊
Monkey	**Hóu** *Hó* 猴
Rooster	**Jī** *Jī* 鸡
Dog	**Gǒu** *Gǒ* 狗
Pig	**Zhū** *Jū* 猪

THE STORY OF HOW THE SYSTEM OF THE CHINESE ZODIAC WAS CREATED

Long, long ago, there was no concept of time. There were no clocks or calendars. People wanted to mark the passing of time but didn't know how. So, they sought advice from the Emperor, known for his wisdom in such matters. He pondered for a considerable time before deigning to offer his learned advice: "Because animals and humans have a close affinity and the names of animals are easily remembered, they should be used to symbolize time. Henceforth, a river crossing race shall be held to determine those animals best suited to signify time."

Thereupon the event was held. All manner of beasts attended. The cat and the mouse, who were good friends, discussed the best manner in which to cross, as neither could swim. They decided to ask the ox to aid them. The ox, being a sincere and kindhearted soul, agreed to carry them across. The race began and the ox, who was by far the best swimmer, emerged in the lead. As they neared the finish line, the cat proudly rose and declared the three of them to be the first to cross the line. But the mouse, a cunning and selfish soul, secretly desired to cross the line first. So he caught the cat unawares and pushed him into the water. He then jumped behind the ox's ear.

The ox, unaware of the commotion, swam on to the finish line. Just as he reached the shore, the mouse leaped forward and ran to victory, quickly followed by the ox, the tiger, the rabbit [1], the dragon [2], the snake [3], the horse [3], the sheep [4], the monkey [4], the cock [4], the dog [4], and the pig [5]. The exhausted cat finally scrambled to shore, but the race was already over. The cat was extremely angry at the mouse, and every time they met, the cat would try to bite him. He then reported the mouse's crime to all of his progeny, beginning a feud between the two animals which continues to this very day. The mouse, knowing full-well his sin, skulked away in guilt and spent the rest of his days hiding in dark, sullen places.

1. The **rabbit**, who could not swim, made the crossing by leaping across the other animals' heads. He acquired his peculiarly shaped mouth because he ran too fast, and after crossing the finish line, ran into a tree.

2. The **dragon**, who should have been placed higher in the ranking, had been busy in the heavens creating thunder and lightning. He absent-mindedly made the thunder too loud, which caused him to become fairly deaf. As a consequence, he did not hear the start of the race and had to come from behind to acquire fifth place.

3. The **snake**, in order to defeat the horse, scared him and dashed in front. Unfortunately for him, he ran too fast, causing his four legs to break off, leaving him in his present legless state.

4. The **sheep**, **monkey**, and **rooster** had agreed to make the crossing together. They did so by putting the sheep on the shoulders of the monkey, who in turn sat upon the back of the rooster. As they were crossing, the sheep (who was a sort of lookout) saw the **dog** (who was naughtily bathing in the river) and

scolded him severely. The dog continued the race and finished next to last but he didn't really care. The sheep ended up over-straining his eyes and permanently damaged his vision. The monkey, who sat far too long, acquired a permanently red posterior. The rooster, who had been supporting the group, lost two of his original four legs as they were crushed.

5. The **pig** finished last as he decided to finish eating before crossing the river. When he finally made it across, he entreated the Emperor for more food. His gluttony caused him to become the laughing stock of all those present.

YEAR AND PERSONALITIES
Chatting about these is a great ice-breaker. The animal years repeat every 12 years.

2015: Sheep
Gentle, artistic, peace-loving, sweet-natured, lovable, creative, inventive, amorous, tasteful, intelligent. Insecure, pessimistic, unpunctual, undisciplined, dissatisfied, irresponsible.

2016: Monkey
Merry, enthusiastic, witty, good in business, clever, fascinating, passionate, youthful, very intelligent, inventive. Vain, adolescent, long-winded, unfaithful, untruthful, untrustworthy.

2017: Rooster
Proud, enthusiastic, stylish, popular, lively, amusing, generous, adventurous, industrious, conservative, courageous.

Pompous, pedantic, short-sighted, boastful, mistrustful, extravagant.

2018: Dog
Faithful, loyal, noble, modest, devoted, prosperous, courageous, respectable, selfless, dutiful, intelligent. Introverted, cynical, critical, moralizing, stubborn, defensive.

2019: Pig
Scrupulous, loyal, sincere, honest, loving, sociable, sensitive, sensual, truthful, peaceful, intelligent. Naive, epicurean, insecure, gullible, defenseless, non-competitive, earthy.

2020: Mouse
Aggressive, energetic, jolly, charming, sociable, humorous, generous, intellectual, sentimental, honest, persistent. Greedy, small-minded, power-hungry, destructive, suspicious, tiresome, likes to gamble.

2021: Ox
Hard-working, lonely, leaders, strong, proud, reserved, methodical, original, eloquent, patient, silent. Rigid, bad losers, authoritarian, conventional, jealous, stubborn, slow.

2022: Tiger
Smiling, magnetic, lucky, strong, honorable, good leaders, liberal-minded, courageous, generous, passionate. Vain, rash, disobedient, undisciplined, argumentative, rebellious.

2023: Rabbit
Cautious, clever, hospitable, sociable, friendly, sensitive, ambitious, careful, private. Timid, thin-skinned, old-fashioned, hypochondriac, squeamish.

2024: Dragon
Showy, artistic, enthusiastic, lucky, healthy, generous, sentimental, successful, independent. Demanding, irritable, loudmouthed, stubborn, discontented, and willful. The dragon is the symbol of the emperor.

2025: Snake
Wise, sympathetic, lucky, sophisticated, calm, decisive, attractive, philosophical, elegant, compassionate. Lazy, possessive, tight-fisted, bad losers, changeable, vengeful, extravagant.

2014, 2026: Horse
Gifted, athletic, charming, quick-witted, hard-working, entertaining, powerful, skillful, cheerful, eloquent, independent. Weak, unfeeling, hot-headed, selfish, ruthless, tactless, impatient, rebellious.

What's your astrological sign?	Nǐ shì shén me xīng zuò? *Nǐ shèr shém-mǔh shīng dzuò?* 你是什么星座？

Aries	**Bái yáng zuò** *Bái-yáng dzuò* 白羊座
Taurus	**Jīn niú zuò** *Jīn-nioú dzuò* 金牛座

Gemini	**Shuāng zī zuò** *Shuāng-dī dzuò* 双子座
Cancer	**Jù xiè zuò** *Jiù-shièh dzuò* 巨蟹座
Leo	**Shī zi zuò** *Shēr-dż dzuò* 狮子座

Virgo	**Chǔ nǚ zuò**
	Chǔ-niǔ dzuò
	处女座

Libra	**Tiān píng zuò**
	Tiēn-píng dzuò
	天枰座

Scorpio	**Tiān xiē zuò**
	Tiēn-shiēh dzuò
	天蝎座

Sagittarius	**Shè shǒu zuò**
	Shùh-shǒu dzuò
	射手座

Capricorn	**Mó xiē zuò**
	Muó-shiēh dzuò
	摩蝎座

Aquarius

Shuǐ píng zuò
Shuǎy-píng dzuò
水瓶座

Pisces

Shuāng yú zuò
Shuāng-yiú dzuò
双鱼座

Do you believe it?

Nǐ xiāng xìn ma?
Nǐ shiāng shìn mǎ?
你相信吗？

It might be true.

Kě néng shì zhēn de.
Kǔh núng shèr jēn-dǔh.
可能是真的。

I believe it!

Wǒ xiāng xìn!
Wǒ shiāng-shìn!
我相信！

I don't believe it!

Wǒ bù xiāng xìn!
Wǒ bù shiāng-shìn!
我不相信！

Really?

Zhēn de ma?
Jēn-dǔh mǎ?
真的吗？

That's a lie!

Nà shì huǎng huà!
Nàh shèr hwǎng-hwàh!
那是谎话！

You lied!

Nǐ shuō huǎng!
Nǐ shuō hwǎng!
你说谎！

Tell the truth!

Shuō zhēn de!
Shuō jēn-dǔh!
说真的！

How do you know?

Nǐ zěn me zhī dào?
Nǐ dzēm-mǔh jēr dòw?
你怎么知道？

Who said it?

Shuí shuō de?
Sháy shuō dǔh?
谁说的？

I know that person.

Wǒ rèn shi nà ge rén.
Wǒ rèn-shèr nàh gǔh rén.
我认识那个人。

I know him/her.

Wǒ rèn shi tā.
Wǒ rèn-shèr tā.
我认识他／她。

It depends.

Kàn qíng xing.
Kàn chíng-shing.
看情形。

I agree with you.

Wǒ tóng yì.
Wǒ tóng-ì.
我同意。

I don't agree with you.

Wǒ bù tóng yì.

Wǒ bù tóng-ì.

我不同意。

I didn't think of that.

Wǒ méi xiǎng dào.

Wǒ máy shiāng dòw.

我没想到。

I didn't consider that.

Wǒ méi kǎo lǜ guò.

Wǒ máy kǎu-liù gò.

我没考虑过。

I figured that.

Wǒ jiù zhī dào.

Wǒ jioù jēr dòw.

我就知道。

Our thoughts are the same.

Wǒ men de xiǎng fǎ xiāng tóng.

Wǒ-mén důh shiǎng-fǎh shiāng-tóng.

我们的想法相同。

Do you care?

Nǐ zài hū ma?

Nǐ zài-hū mǎ?

你在乎吗？

Do you care about ... ?

Nǐ zài hū... ma?

Nǐ zài-hū... mǎ?

你在乎…吗？

I don't care.

Wǒ bú zài hū.
Wǒ bú zài-hū.
我不在乎。

Who cares?

Shéi zài hū?
Sháy zài-hū?
谁在乎？

Either is fine.

Dōu kě yǐ.
Dō kǔh-ǐ.
都可以。

No problem.

Méi wèn tí.
Máy wèn-tí.
没问题。

It doesn't matter.

Méi gūan xi.
Máy gūan-shi.
没关系。

Go for it!

Qù zuò ba!
Chìu dzuò bǎ!
去做吧！

I've got an idea.

Wǒ yǒu bàn fa.
Wǒ yǒ bàn-fǎh.
我有办法。

What idea?

Shén me bàn fa?
Shém-mǔh bàn-fǎh?
什么办法？

There's no way you can do it!

Nǐ méi bàn fa!
Nǐ máy bàn-făh!
你没办法！

It can't be helped.

Méi bàn fa.
Máy bàn-făh.
没办法。

Why did you do that?

Nǐ wèi shén me zhè-me zuò?
Nǐ wày shém-mǔh dzèm-mǔh dzuò?
你为什么这么做？

Let's start it.

Kāi shǐ ba.
Kāi-shěr bǎ.
开始吧。

Finished?

Zuò hǎo le ma?
Dzuò hǒw lǔh mǎ?
做好了吗？

Finished.

Zuò hǎo le.
Dzuò hǒw lǔh.
做好了。

Do you have free time?

Yǒu kòng ma?
Yǒ kòng mǎ?
有空吗？

Would you like to go (to) … ?

Nǐ xiǎng qù… ?
Nǐ shiǎng chiù… ?
你想去…？

Bar/Pub

Jiǔ bā
Jioǔ-bā
酒吧

Restaurant

Cān tīng/Fàn diàn
Tsān-tīng/Fàn-dièn
餐厅 / 饭店

Park

Gōng yuán
Gōng-yuén
公园

Jogging

Màn pǎo
Màn pǒw
慢跑

Swimming

Yóu yǒng
Yó-yǒng
游泳

Movie

Diàn yǐng
Dièn-ǐng
电影

Let's go see a movie!

Wǒ men qù kàn diàn yǐng!
Wǒ-mĕn chiù kàn dièn-ĭng!
我们去看电影！

**Have you seen ...
before?**

Nǐ kàn guò… ma?
Nǐ kàn guò… mǎ?
你看过…吗？

Two tickets please.

Qǐng gěi wǒ liǎng
zhāng piào.
*Chǐng gǎy wǒ liǎng jāng
piòw.*
请给我两张票。

**What kind of movie
would you like
to see?**

Nǐ xǐ huān kàn shén me
diàn yǐng?
*Nǐ shǐ-huān kàn shém-
mǔh dièn-ǐng?*
你喜欢看什么电影？

Science fiction

Kē huàn piàn
Kūh-huàn pièn
科幻片

Comedy

Xǐ jù piàn
Shǐ-jiù pièn
喜剧片

Romance

Yán qíng piàn
Yán-chíng pièn
言情片

Horror	**Kǒng bù piàn**
	Kǒng-bù pièn
	恐怖片

Ghost	**Guǐ guài piàn**
	Guǎy-guài pièn
	鬼怪片

Adventure	**Dòng zuò piàn**
	Dòng-dzuò pièn
	动作片

Gangster	**Jíng fěi piàn**
	Jíng-fěi pièn
	警匪片

Mystery	**Shén guài piàn**
	Shùn-guài pièn
	神怪片

Western	**Xī bù piàn**
	Shī-bù pièn
	西部片

X-rated	**Sè qíng piàn**
	Sùh chíng pièn
	色情片

American and European movie	**Ōu měi diàn yǐng**
	Ōu-měi dièn-ǐng
	欧美电影

Chinese movie

Zhōng guó diàn yǐng
Jōng-guó dièn-ǐng
中国电影

Good idea.

Hǎo zhú yi.
Hǒw jú-i.
好主意。

Let me think it over.

Ràng wǒ xiǎng yí xià.
Ràng wǒ shiǎng í-shiàh.
让我想一下。

Have you decided yet?

Nǐ jué dìng le ma?
Nǐ juáy-dìng lǔh mǎ?
你决定了吗？

It's up to you.

Suí biàn nǐ.
Swáy-bièn nǐ.
随便你。

You decide.

Nǐ jué dìng.
Nǐ juáy-dìng.
你决定。

When can you ... ?

**Nǐ shén me shí hòu
  kě yǐ... ?**
*Nǐ shém-mǔh shé-hò
  kúh-ǐ... ?*
你什么时候可以 … ？

Come	**Lái** *Lái* 来
Go	**Qù** *Chiù* 去
Do it	**Zuò** *Dzuò* 做
Do you want to go?	**Nǐ xiǎng qù ma?** *Nǐ shiǎng chiù mǎ?* 你想去吗？
I can't go.	**Wǒ bù néng qù.** *Wǒ bù núng chiù.* 我不能去。
Are you ready?	**Nǐ hǎo le méi yǒu?** *Nǐ hǒw lǔh máy yǒ?* 你好了没有？
Ready	**Hǎo le.** *Hǒw lǔh.* 好了。
Not yet.	**Hái méi.** *Hái máy.* 还没。

Meet me at ...

Wǒ men zài... jiàn.

Wǒ-mén zài... jièn.

我们在…见。

I'll wait for you.

Wǒ děng nǐ.

Wǒ dúng nǐ.

我等你。

I won't leave until you come.

Bú jiàn bú sàn.

Bú jièn bú sàn.

不见不散。

Please don't stand me up!

Qǐng bù yào ràng wǒ bái děng!

Chíng bù yòw ràng wǒ bái dǔng!

请不要让我白等！

Let's go!

Wǒ men zǒu ba!

Wǒ-mén zǒ bǎ!

我们走吧！

Please give me a ride to ... .

Qǐng sòng wǒ qù... .

Chǐng sòng wǒ chiù... .

请送我去…。

Can you come here?

Nǐ kě yǐ lái zhè lǐ ma?

Nǐ kǔh-ǐ lái jùh-lǐ mǎ?

你可以来这里吗？

Where do you live? Nǐ zhù nǎr?
Nǐ jù nǎr?
你住哪儿?

What's your address? Nǐ de dì zhǐ shì shén me?
Nǐ dǔh dì-jěr shèr shém-mǔh?
你的地址是什么?

Please write it down. Qǐng xiě xià lái.
Chǐng shiěh shiàh lái.
请写下来。

I'll see you home. Wǒ sòng nǐ huí jiā.
Wǒ sòng nǐ hwáy jiāh.
我送你回家。

Watch your step. Màn zǒu.
Màn zǒ.
慢走。

Literally means "walk slowly" and is commonly used. The response is 会头见 *(hwáy tó jièn)*. Literally, "see you later."

I'll write you a letter. Wǒ huì xiě xìn gěi nǐ.
Wǒ hwày shiěh shìn gǎy nǐ.
我会写信给你。

If you have free time, let's get together. Yǒu kòng jiàn.
Yǒ kòng jièn.
有空见。

I'll leave first.

Wǒ xiān zǒu.
Wǒ shīen zǒ.
我先走。

See you in a while.

Huí tóu jiàn.
Hwáy tó jièn.
回头见。

See you later.

Gǎi tiān jiàn.
Gǎi tiēn jièn.
改天见。

See you tomorrow.

Míng tiān jiàn.
Míng-tiēn jièn.
明天见。

See you tonight.

Wǎn shang jiàn.
Wǎn-shǎng jièn.
晚上见。

**Come back
   sometime!**

Zài lái!
Zài lái!
再来！

Good bye.

Zài jiàn.
Zài-jièn.
再见。

3

Shooting the Breeze

Bullshit!/Nonsense!	**Fèi huà!**
	Fày-hwàh!
	废话！
Talk nonsense!	**Luàn jiǎng!**
	Luàn-jiǎng!
	乱讲！
To brag	**Chuī niú.**
	Chūay nioú.
	吹牛。
To flatter	**Pāi mǎ pì.**
	Pāi mǎ pì.
	拍马屁。

Literally means "to pat the horse's rear end."

Everyday spoken Chinese/Mandarin

Pǔ tōng huà.
Pǔ-tōng hwàh.
普通话。

This literally means "common" language.

Weird, bizarre, strange

Qí guài.
Chée-guài.
奇怪。

I'm sick of ... .

Wǒ tǎo yàn... .
Wǒ tǎu yèn... .
我讨厌⋯。

Boring

Wú liáo.
Wú-liów.
无聊。

To be cheated/ripped off

Bèi piàn.
Bày pièn.
被骗。

To be at a disadvantage, suffer a loss

Chī kuī.
Chēr kwāy.
吃亏。

Don't let others cheat you!

Bié shàng dàng.
Biéh shàng dàng!
别上当。

That really makes me laugh!

Zhēn hǎo xiào!
Jēn hǒw shiàu!
真好笑！

Is it fun?

Hǎo wán ma?
Hǒw wán mǎ?
好玩吗？

Is it funny?

Hǎo xiào ma?
Hǒw shiàu mǎ?
好笑吗？

What are you laughing at?

Nǐ xiào shén me?
Nǐ shiàu shém-mǔh?
你笑什么？

That's really interesting!

Yǒu yì si!
Yǒ ì-sź!
有意思！

Go on (continue).

Jì xù.
Jì-shiù.
继续。

And then?

Rán hòu ne?
Rán hò nǔh?
然后呢？

Bizarre

Qí yì.
Chée yì.
奇异。

Who farted?

Shéi fàng pì le?
Sháy fàng-pì lǔh?
谁放屁了？

Guess!

Cāi cāi kàn!

Tsāi tsāi kàn!

猜猜看！

You did!

Jiù shì nǐ!

Jioù shèr nǐ!

就是你！

I'm embarrassed.

Bù hǎo yì si.

Bù hǒw ì-sž.

不好意思。

Damn it! (I screwed up)

Zāo le!

Zōw lǔh!

糟了！

I can't stand ... !

Wǒ shòu bu liǎo... !

Wǒ shòu bǔ-liǒw... !

我受不了…！

Behaving mysteriously.

Shén mì xī xī.

Shén mì shī shī.

神秘兮兮。

Person with a jovial face.

Xiào xī xī.

Shiàu shī shī.

笑嘻嘻。

A sulky expression.

Kǔ guā liǎn.

Kǔ-guāh liǎn.

苦瓜脸。

A wry smile. Kǔ xiào.
Kǔ shiàu.
苦笑。

Leader Dà gē dà.
Dà-gū h dà.*
大哥大。
Dà jiě dà.
Dà-jiěh dà.**
大姐大。

* Male; literally means "big brother;" it's also used for
Mafia bosses.
** Female; literally means "big sister."

Boss Lǎo bǎn.
Lǎu běn.
老板。

How pitiful! Zhēn kě lián!
Jūn kǔh-lién!
真可怜！

Used to describe people.

What a waste! Zhēn kě xī!
Jūn kǔh-shī!
真可惜！

Used to describe things.

Tenderfoot

Xīn shǒu.

Shīn shǒu.

新手。

Experienced person

Lǎo shǒu.

Lǎu shǒu.

老手。

Person who loves to show off

Ài chū fēng tóu.

Ài chǔ fōng tó.

爱出风头。

Good, kind person

Hǎo hǎo xiān shēng.

Hǒw hǒw shiēn shūng.

好好先生。

Person who has many talents

Yóu liǎng xià zi.

Yó liáng shiàh dź.

有两下子。

Shocking!

Xià rén!

Shiàh rén!

吓人！

Outlandish clothes

Qí zhuāng yī fu.

Chée jūang ī fu.

奇装异服。

Foreign ghost/devil   **Yáng guǐ zi.**
Yáng guǎy-dź.
洋鬼子。

Usually used to refer to Western Caucasians (negative connotation).

Foreigner   **Wài guó rén.**
Wài-guó-rén.
外国人。

Foreigner   **Yáng rén.**
Yáng-rén.
洋人。

This is a somewhat positive term.

Black person   **Hēi rén.**
Hāy-rén.
黑人。

Red person   **Zōng sè rén.**
Jōng-sùh-rén.
棕色人。

White person   **Bái rén.**
Bái-rén.
白人。

This is a neutral expression.

It's a good thing that ... .   **Hái hǎo... .**
Hái hǒw... .
还好…。

Don't be like that!   **Bié zhè yàng.**
Biéh jùh yàng!
别这样！

Awesome! / Fierce!   **Lì hài!**
Lì-hài!
厉害！

This is a commonly used phrase and well worth remembering.

Say it again.   **Zài shuō yí biàn.**
Zài shuō í-bièn.
再说一遍。

A liar's true intent.   **Zhēn xiàng.**
Jūn shiàng.
真相。

Don't waste your energy doing useless things.   **Shěng shěng ba!**
Shǔng shǔng bǎ!
省省吧。

As if!   **Cái guài!**
Tsái guài!
才怪！

Junior high school girl!

Huáng máo yā tóu!
Huáng máu yāh-tó!
黄毛丫头！

That hurts!

Hěn tòng!
Hǔn tòng!
很痛！

I'm not sure.

Wǒ bú què dìng.
Wǒ bú chuày dìng.
我不确定。

He / She / It's gone!

Tā zǒu le!
Tā zǒ lǔh!
他／她／它走了！

There's so many people!

Hǎo duō rén!
Hǒw duō rén!
好多人！

Hide.

Duó qǐ lái.
Duó chěe lái.
躲起来。

Lively, exciting, good time.

Rè nào.
Rèr-nòw.
热闹。

Too early!

Tài zǎo!
Tài zǒw!
太早！

Too late!

Tài wǎn!
Tài wǎn!
太晚！

Late.

Chí dào le.
Chér-dòw lǔh.
迟到了。

No-one's there.

Nà méi rén.
Nàr máy rén.
那没人。

Too much!

Tài duō le!
Tài duō lǔh!
太多了！

Too little!

Tài shǎo le!
Tài shǎu lǔh!
太少了！

He / She / It came back.

Tā lái le.

Tā lái lŭh.

他／她／它来了。

Embarrassed to death.

Xiū sǐ rén le.

Shioū sž rén lŭh.

羞死人了。

Old-fashioned.

Lǎo tǔ.

Lǎu tǔ.

老土。

To have fallen out of style.

Luò wǔ le.

Luò wǔ lŭh.

落伍了。

Exaggeration.

Kuā zhāng.

Kuāh jiāng.

夸张。

Too exaggerated.

Tài kuā zhāng le.

Tài kuāh jiāng lŭh.

太夸张了。

The difference is too great!

Chà yuǎn le!

Chà yuěn lŭh!

差远了！

You're kidding!

Kāi wán xiào!

Kāi wán-shiàu!

开玩笑！

Over-exerted

Hūn le tóu.
Hūen lǔh tó.
昏了头。

To have done so much that you're going crazy.

Workaholic.

Gōng zuò kuáng.
Gōng-dzuò kuáng.
工作狂。

4

Eat, Drink, Be Merry!

Eating is an important part of life for the Chinese. Several rules to keep in mind:

1. If somebody (using his/her own chopsticks) tries to fetch some food for you and put it on your plate, don't be put off. It's just a friendly gesture to urge you to eat a bit more.
2. In most Chinese restraurants it is OK to use your own chopsticks to take a portion from the shared serving dish, even though you may accidentally touch other food on the plate. It may not be very hygienic, but there is no need to feel disgusted when you see people doing it.
3. Drinking etiquette differs greatly from city to city, let alone country to country. Most people will not feel offended if you reject their offer of alcohol, since you are not local; if you do drink, try to "bottom up" one cup/glass for starters. That way they will feel more at ease with you.

4. If you ask somebody out, even between friends, you are expected to pay in most cases.

Have you eaten yet?   **Chī fàn le ma?**
Chēr fàn lǔh ma?
吃饭了吗？

This is often used as a greeting just like "What's up?"

Are you hungry?   **Nǐ è le ma?**
Nǐ èr lǔh mǎ?
你饿了吗？

I'm starving!   **Wǒ è sǐ le!**
Wǒ èr sž lǔh!
我饿死了！

I'm hungry.   **Wǒ dù zi è le.**
Wǒ dù-dž èr lǔh.
我肚子饿了。

Literally means "my stomach is hungry."

No, I'm not hungry.   **Wǒ bú è.**
Wǒ bú èr.
我不饿。

I'm not very hungry.   **Wǒ bú tài è.**
Wǒ bú tài èr.
我不太饿。

I want to eat.	**Wǒ xiǎng chī.**
	Wǒ shiǎng chēr.
	我想吃。

I don't want to eat.	**Wǒ bù xiǎng chī.**
	Wǒ bù shiǎng chēr.
	我不想吃。

Are you thirsty?	**Nǐ kě ma?**
	Nǐ kǔh mǎ?
	你渴吗？

I'm thirsty.	**Wǒ kě le.**
	Wǒ kǔh lǔh.
	我渴了。

I'm not thirsty.	**Wǒ bù kě.**
	Wǒ bù kǔh.
	我不渴。

I'm not very thirsty.	**Wǒ bú tài kě.**
	Wǒ bú tài kǔh.
	我不太渴。

I don't want to drink.	**Wǒ bù xiǎng hē.**
	Wǒ bù shiǎng hūh.
	我不想喝。

I want to drink.	**Wǒ xiǎng hē .**
	Wǒ shiǎng hūh.
	我想喝。

Have you ordered?   **Nǐ diǎn cài le ma?**
Nǐ diěn tsài lǜh mǎ?
你点菜了吗？

Waiter (polite)   **Xiān sheng**
Shiēn shūng
先生

Alternatively, **xiān sheng** means "Mister."

Waitress (polite)   **Xiǎo jiě**
Shiǎu jiěh
小姐

Alternatively, **Xiǎo jiě** means "Miss." Be careful, though, since **Xiǎo jiě** can mean "prostitute" in some places.

Waiter/Waitress   **Fú wù yuán**
  (neutral)   *Fú wù yuén*
服务员

Menu please.

Qǐng gěi wǒ cài dān.
Chíng gáy wǎ tsài-dān.
请给我菜单。

I'll order for us.

Wǒ lái diǎn cài.
Wǒ lái diěn tsài.
我来点菜。

Would you like a drink?

Ní xiǎng hē yǐn liào ma?
Ní shiǎng hūh ǐng-liàu mǎ?
你想喝饮料吗？

Are you drunk?

Nǐ zuì le ma?
Nǐ dzuày-lǔh mǎ?
你醉了吗？

I'm drunk.

Wǒ zuì le.
Wǒ dzuày lǔh.
我醉了。

Drink more!

Duō hē yì diǎn.
Duō hūh ì-diěn.
多喝一点。

A polite way to refuse is to say *"suáy-ì."*

I drank too much.

Wǒ hē de tài duō le.
Wǒ hūh-dǔh tài duō lǔh.
我喝得太多了。

Don't drink so much!　**Shǎo hē diǎnr!**
Shǎu hūh diěn!
少喝点儿！

Hangover　**Sù zuì**
Sù dzuày
宿醉

It smells delicious!　**Wén qǐ lái hěn xiāng!**
Wén chǐ-lái hǔn shiāng!
闻起来很香！

It looks delicious!　**Kàn qǐ lái hěn hǎo chī!**
Kàn chǐ-lái hǔn hǒw chēr!
看起来很好吃！

Let's start eating!　**Kāi shǐ chī le!**
Kāi shěr-chēr lǔh!
开始吃了！

Help yourself.　**Zì jǐ lái.**
Dzì-jǐ lái.
自己来。

This is delicious.　**Zhè ge hěn hǎo chī.**
Jùh-gǔh hǔn hǒw chēr.
这个很好吃。

Try eating some.　**Chī chī kàn.**
Chēr chēr kàn.
吃吃看。

I don't like it very much.

Wǒ bú tài xǐ huān.

Wǒ bú tài shǐ-huān.

我不太喜欢。

What would you like to drink?

Nǐ xiǎng hē diǎn shén me?

Nǐ shiǎng hūh diěn shém-nǔh?

你想喝点什么？

Beer

Pí jiǔ

Pí-jioǔ

啤酒

Wine, whiskey, etc.

Jiǔ

Jioǔ

酒

Can include beer in some places.

Coffee

Kā fēi

Kāh-fāy

咖啡

Juice

Guǒ zhī

Guǒ jēr

果汁

Soda

Qì shuǐ

Chèe shuǎy

汽水

Cocktail

Jī wěi jiǔ

Jī wǎy jioǔ

鸡尾酒

Water

Kāi shuǐ
Kāi shuǎy
开水

Literally means "boiled water."

This is for me.

Zhè shì wǒ de.
Zhè shèr wǒ dǔh.
这是我的。

This is for him / her.

Zhè shì tā de.
Zhè shèr tā dǔh.
这是他 / 她的。

I want to order the dish that he's having.

Wǒ diǎn gēn tā yí yàng de cài.
Wǒ diěn gūn tā í-yàng dǔh tsài.
我点跟他一样的菜。

It's expensive.

Hěn guì.
Hǔn guày.
很贵。

It's cheap.

Hěn pián yi.
Hǔn pién-i.
很便宜。

Cheers!

Gān bēi.
Gān bāy!
干杯！

Means "dry your cup."

This is awful.	**Zhè ge nán chī sǐ le.** *Jùh-guh nán chēr sž lǔh.* 这个难吃死了。

Sǐ means "death," and the implication is that the food is so bad it will kill you.

Eat more!	**Duō chī diǎnr.** *Duō chēr diěn!* 多吃点儿！

Please give me a little more.	**Qǐng gěi wǒ duō yì diǎn.** *Chǐng gǎy wǒ duō ì-diěn.* 请给我多一点。

Are you full?	**Nǐ chī bǎo le ma?** *Nǐ chēr bǎu lǔh mǎ?* 你吃饱了吗？

Sometimes said as a friendly greeting.

I'm full.	**Wǒ bǎo le.** *Wǒ bǎu lǔh.* 我饱了。

I'm not full.	**Wǒ hái méi bǎo.** *Wǒ hái máy bǎu.* 我还没饱。

I ate too much.	**Wǒ chī de tài duō le.** *Wǒ chēr-dŭh tài duō lǔh.* 我吃得太多了。

5

Curses and Insults

I hate you!

Wǒ tǎo yàn nǐ!
Wǒ tǎu-yèn nǐ!
我讨厌你！

I loathe you!

Wǒ hèn nǐ!
Wǒ hùn nǐ!
我恨你！

Very strong statement and is seldom used.

I'll kill you!

Wǒ yào shā le nǐ!
Wǒ yòw shā lǔh nǐ!
我要杀了你！

You've gone too far!

Tài guò fèn le!
Tài guò fèn lǔh!
太过分了！

Shut up!

Zhù kǒu!
Jù kǒ!
住口！

Don't speak!

Bié shuō le!
Biéh shuō lǔh!
别说了！

Listen to me!

Tīng wǒ shuō!
Tīng wǒ shuō!
听我说！

Get the hell out of here!

Gǔn chū qù!
Gwěn chū chiù!
滚出去！

Literally means "roll away."

I'm a bit angry (pissed off)!

Wǒ yǒu yì diǎn huǒ dà!
Wǒ yǒ ì-dién huǒ dàh!
我有一点火大！

I'm mad as hell!

Wǒ huǒ dà le!
Wǒ huǒ dàh lǔh!
我火大了！

Calm down!

Lěng jìng yì diǎn!
Lěng-jìng ì-diěn!
冷静一点！

What the hell are you doing?

Gàn shén me?
Gàn shém-mǔh?
干什么？

Have you finished speaking yet?

Shuō wán le méi yǒu?
Shuō wán lǔh máy yǒ?
说完了没有？

It's none of your business!

Méi nǐ de shì.
Máy nǐ-dǔh shèr!
没你的事。

Damn it!

Gāi sǐ!
Gāi sž!
该死！

Don't complain!

Bú yào bào yuàn!
Bú yòw bàu-yuèn!
不要抱怨！

Stop screwing around!

Bié nào le!
Biéh nòw lǔh!
别闹了！

You deserve it!

Huó gāi!
Huó-gāi!
活该！

Leave me alone!

Bú yào guán wǒ!
Bú yòw guán wǒ!
不要管我！

Don't bother me!

Bié fán wǒ!
Biéh fán wǒ!
别烦我！

Stop bothering me!

Ráo le wǒ!
Ráu lǔh wǒ!
饶了我！

Nagging person.

Luō suo.
Luō-sǔo.
啰嗦。

Person who is always criticizing and nagging others.

Láo dāo.
Láu-dōw.
唠叨。

Be polite!

Kè qì diǎn!
Kùh-chèe diěn!
客气点！

The noise is killing me!

Cháo sǐ rén le!
Tsáu sž rén lǔh!
吵死人了！

Don't come to find me!

Bié zháo wǒ!
Biéh jów wǒ!
别找我！

Forget it!

Suàn le ba!
Swàn lǔh bǎ!
算了吧！

Who do you think you are?

Nǐ suàn lǎo jǐ?

Nǐ swàn lǎu-jǐ?

你算老几？

You don't know your own shortcomings!

Mǎ bù zhī liǎn cháng, hóu zi bù zhī pì gu hóng!

Mǎ bù jēr liěn cháng, hó-dż bù jēr pì-gǔ hóng!

马不知脸长，
猴子不知屁股红！

Literally means "A horse doesn't know his face is long; a monkey doesn't know his ass is red."

Stuck up, arrogant person.

Hào zhuǎi.

Hòw juǎi.

好拽。

You're a ... !

Nǐ shì ge... !

Nǐ shèr gǔh... !

你是个…！

No, you're a ... !

Nǐ cái shì ge... !

Nǐ tsái shèr gǔh... !

你才是个…！

Good-for-nothing person

Nāo zhǒng.

Nōw-jǒng.

孬种。

You're nothing.

Nǐ bú shì dōng xi.
Nǐ bú shèr dōng-shi.
你不是东西。

Stupid

Bèn dàn
Bùn dàn
笨蛋

Pretending to be ignorant

Zhuāng suàn.
Jūang swàn.
装蒜。

Crazy person

Fēng zi
Fōng-tż
疯子

Crazy

Shén jīng bìng
Shén jīng bìn
神经病

Sick

Yǒu bìng
Yǒ bìng
有病

Not normal

Bú zhèng cháng
Bú jèng-cháng
不正常

Day-dreaming

Zuò bái rì mèng
Dzuò bái-rèr-mòng
做白日梦

Dreaming

Fā dāi
Fāh dāi
发呆

Zuò mèng
Dzuò mòng
做梦

You're screwed up.

Yǒu máo bìng.
Yǒ máu-bìng.
有毛病。

Weird

Qí guài
Chée-guài
奇怪

This is too weird.

Mò míng qí miào.
Muò míng chée miòw.
莫名其妙。

Weird guy

Guài cái
Guài tsái
怪才

Horny guy

Sè láng
Sùh-láng
色狼

Literally means "colored wolf."

Perverted

Biàn tài
Bièn-tài
变态

Literally means "a person who is mentally ill."

Pig

Zhū bā jiè.
Jū-bā jièh.
猪八戒。

Women's talk—for someone you can't stand.

Fat person

Qì yóu tǒng.
Chèe-yó-tǒng.
汽油桶。

Loves to eat.

Chī huò.
Chēr huò.
吃货。

Skinny (like a monkey)

Shòu pí hóu.
Shòu-pí-hó.
瘦皮猴。

Skinny (like a stick)

Chái huo gùn.
Qái-huo gwèn.
柴火棍。

Fat-legged woman

Luó bo tuǐ.
Luó-buo twǎy.
萝卜腿。

A woman who has legs that look like *daikon*/white radish.

Moron
Bái chī.
Bái-chēr.
白痴。

Electrical shortage in the brain
Duǎn lù.
Duǎn-lù.
短路。

IQ of zero
Ruò zhì.
Ruò-jèr.
弱智。

Bimbo
Èr bǎi wǔ.
Èr bǎi wǔ.
二百五。

Refers to the stupid type, not the sexy type.

Busybody (female)
Sān bā.
Sān-bā.
三八。

Big mouth
Dà zuǐ bā.
Dàh dzuǎy-bā.
大嘴巴。

To shoot one's mouth off.
Duō zuǐ.
Duō dzuǎy.
多嘴。

Gossip, blabbermouth

Cháng shé fù.*
Cháng-shúh-fù.
长舌妇。
Cháng shé nán.**
Cháng-shúh-nán.
长舌男。

* For a woman.
** For a man.

Useless person

Fèi wu.
Fày-wǔ.
废物。

Bad guy
　(small-time punk/thug)

Hùn hun.
Huèn-hǔen.
混混。

Monster

Guài wù.
Guài wù.
怪物。

Bad teenager

Xiǎo tài bǎo.
Shiǎu-tài-bǎu.
小太保。
Xiǎo tài mèi.
*Shiǎu-tài-mày.**
小太妹。

* For a girl.

Narrow-minded

Xiǎo xīn yǎn.
Shiǎu shīn-yiěn.
小心眼。

Disgusting

Ě xīn.
Ěr-shīn.
恶心。

Very mean

Hěn xiōng.
Hǔn shiōng.
很凶。

You're cold-hearted.

Méi liáng xīn.
Máy liáng-shīn.
没良心。

A heartless lover.

Bó qíng láng.
Buó chíng-láng.
薄情郎。

Women's insult intended for a man.

Cold-blooded animal	**Lěng xuè dòng wù.** *Lǔng shuèh dòng wù.* 冷血动物。
Extremely ugly	**Chǒu bā guài.** *Tsǒu bā-guài.* 丑八怪。
You should look in the mirror.	**Yě bú zhào zhào jìng zi.** *Yiěh bú jòw-jòw jìn-dž.* 也不照照镜子。
Coward	**Dán xiǎo guǐ.** *Dán shiǎu-guǎy.* 胆小鬼。
Miser	**Xiǎo qì guǐ.** *Shiǎu-chèe-guǎy.* 小气鬼。
Lazy person	**Lǎn chóng.** *Lǎn chóng.* 懒虫。
Person who never expresses his feelings.	**Zì bì zhèng.** *Dž bì jèn.* 自闭症。
Unappreciative person	**Bù zhī hǎo dǎi.** *Bù jēr hǒw-dǎi.* 不知好歹。

A person who can't tell when others treat him well.

Rash, reckless person   Bù zhī sǐ huó.

Bù jēr sž huó.

不知死活。

Your conscience bothers you.   Xīn lǐ yǒu guǐ.

Shīn-lǐ yǒ guǎy.

心里有鬼。

When you know that you've done something wrong.

Inside you know the truth.   Xīn lǐ yǒu shù.

Shīn-lǐ yó shù.

心里有数。

When you know what you should rightfully do.

I never want to see you again.   Wǒ zài yě bú yào kàn dào nǐ.

Wǒ zài yiěh bú yòw kàn dòw nǐ.

我再也不要看到你。

I'm leaving!   Wǒ yào zǒu le.

Wǒ yòw zǒ lůh!

我要走了！

Screw you!   Qù nǐ de.

Chiù nǐ důh!

去你的！

Fuck you!   Tā mā de!

Tā mā dǎ!

他妈的！

Fuck your mother!　Cào nǐ mā.
　　　　　　　　　　Tsàu nǐ mā !
　　　　　　　　　　操你妈！

Bitch!　　　　　Pō fù!
　　　　　　　　　　Pōa fòo!
　　　　　　　　　　泼妇！

Whore!　　　　　Biǎo zi.
　　　　　　　　　　Biǒw-tż!
　　　　　　　　　　婊子！

Bastard!　　　　Wáng bā dàn.
　　　　　　　　　　Wáng-bā-dàn!
　　　　　　　　　　王八蛋。

Literally means "turtle's egg."

I'm sorry/Excuse me.　Duì bù qǐ.
　　　　　　　　　　Dwày bù chǐ.
　　　　　　　　　　对不起。

To feel apologetic/ regretful.　Bào qiàn.
　　　　　　　　　　Bàu chièn.
　　　　　　　　　　抱歉。

Please forgive me!　Qǐng nǐ yuán liàng wǒ!
　　　　　　　　　　Chǐng nǐ yuén-liàng wǒ!
　　　　　　　　　　请你原谅我！

I forgive you.

Wǒ yuán liàng nǐ.
Wǒ yuén-liàng nǐ.
我原谅你。

I can't forgive you.

Wǒ bù néng yuán liàng
  nǐ.
Wǒ bù núng yuén-liàng nǐ.
我不能原谅你。

**I'll never forgive
you.**

Wǒ yóng yuǎn bú huì
  yuán liàng nǐ.
*Wǒ yóng-yuěn bú hwày
  yuén-liàng nǐ.*
我永远不会原谅你。

I want to apologize.

Wǒ xiǎng dào qiàn.
Wǒ shiǎng dòw-chièn.
我想道歉。

**You'd better
apologize.**

Nǐ zuì hǎo dào qiàn.
Nǐ dzuày hǒw dòw-chièn.
你最好道歉。

**Ok, but don't let it
ever happen again.**

Hǎo, dàn shì bú yào zài
fā shēng zhè zhǒng shì
  qíng.
*Hǒw, dàn-shèr bú-yòw
  zài fāh-shēng jùh jǒng
  shèr-chíng.*
好，但是不要再发生
这种事情。

Don't do it again!

Xià bù wéi lì!
Shiàh bù wáy lì!
下不为例！

OK, you're right.

Suàn nǐ duì.
Swàn nǐ dwày.
算你对。

OK, you win.

Suàn nǐ yíng.
Swàn nǐ íng.
算你赢。

OK, I lose.

Suàn wǒ sū.
Swàn wǒ sū.
算我输。

You are / were ...

Nǐ shì ... .
Nǐ shèr... .
你是…。

I am / was ...

Wǒ shì... .
Wǒ shèr... .
我是…。

He / She / It was ...

Tā shì... .
Tā shèr... .
他／她／它是…。

Right

Duì le
Dwày lǔh
对了

Wrong

Cuò le
Tsuò lǔh
错了

Retribution

Bào yìng.
Bàu-ìng.
报应。

What goes around comes around.

È yǒu è bào.
Èr yǒ èr bàu.
恶有恶报。

This phrase applies to evil deeds.

What goes around comes around.

Shàn yǒu shàn bào.
Shàn yǒ shàn bàu.
善有善报。

This phrase applies to good deeds.

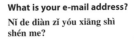

6

Phone and Internet

Do you have a phone?	**Nǐ yǒu diàn huà ma?** *Nǐ yǒ dièn-hwàh mǎ?* 你有电话吗？
Do you have a cell phone?	**Nǐ yǒu shǒu jī ma?** *Nǐyǒ shǒu-jī ma?* 你有手机吗？
What's your phone number?	**Nǐ de diàn huà hào mǎ shì shén me?** *Nǐ dǔh dièn-hwàh hàu mǎ shèr shém mǔh?* 你的电话号码是什么？
What's your cell number?	**Nǐ de shǒu jī hào mǎ shì shén me?** *Nǐ dǔh shǒu-jī hàu mǎ shèr shém mǔh?* 你的手机号码是什么？

Can I call you?

Wǒ kě yǐ gěi nǐ dǎ
    diàn huà ma?
*Wǒ kǔh-ǐ gǎy nǐ dǎh
    dièn hwàh mǎ?*
我可以给你打电话吗？

Can I text you?

Wǒ kě yǐ gěi nǐ fā duǎn
    xìn ma?
*Wǒ kǔh-ǐ gǎy nǐ fā duǎn
    shìn mǎ?*
我可以给你发短信吗？

Hello, is ... there?

Wéi, qǐng wèn… zài ma?
Wáy, chǐng-wèn… zài mǎ?
喂， 请问…在吗？

**Please give me
extension ...**

Qǐng zhuǎn… .
Chǐng juǎn… .
请转…。

The line's busy.

Zhàn xiàn.
Jàn-shièn.
占线。

**I left a message
on your
voicemail.**

Wǒ gěi nǐ de liú yán xìn
    xiāng liú yán le.
*Wǒ gǎy nǐ dǔh lioú yán
    shiāng lioú yán lǔh.*
我给你的留言信箱留言了。

Check your voicemail.   **Qǐng chá kàn nǐ de liú
yán xìn xiāng.**

*Chǐng chá kàn nǐ dǔh
lioú yán shìn shiāng.*

请查看你的留言信箱。

Be aware that phones in mainland China do not have
voicemail.

Who's calling please?   **Qǐng wèn, nǐ shì nǎ wèi?**

*Chǐng-wèn, nǐ shèr nǎh
wày?*

请问, 你是哪位？

Please hold on for a moment.

Qǐng děng yí xià.

Chǐng dǔng í-shiàh.

请等一下。

John isn't in.

John bú zài.

John bú zài.

John 不在。

When will he / she be back?

Tā shén me shí hòu huí lái?

Tā shém-mǔh shér-hò hwáy lái?

他 / 她什么时候回来？

Please tell him / her ...

Qǐng gào su tā ... .

Chǐng gòw-sǔ tā ... .

请告诉他 / 她⋯。

Please tell him / her John called.

Qǐng gào su tā John dǎ diàn huà gěi tā.

Chǐng gòw-sǔ tā John dǎh dièn-hwàh gǎy tā.

请告诉他 / 她 John 打电话给他 / 她。

I'll phone again.

Wǒ zài dǎ.

Wǒ zài dǎh.

我再打。

I'll call you.

Wǒ dǎ diàn huà gěi nǐ.

Wǒ dǎh dièn hwàh gǎy nǐ.

我打电话给你。

I'll text you.

Wǒ duǎn xìn nǐ.

Wǒ duǎn shìn nǐ.

我短信你。

Please call me.

Qǐng dǎ diàn huà gěi wǒ.

Chǐng dǎh dièn hwàh gǎy wǒ.

请打电话给我。

Please have him / her call me.

Qǐng tā gěi wǒ huí diàn huà.

Chǐng tā gǎy wǒ hwáy dièn hwàh.

请他／她给我回电话。

My phone number is ... .

Wǒ de diàn huà hào mǎ shì... .

Wǒ-dǔh dièn-hwàh hàu mǎ shèr... .

我的电话号码是⋯。

I'll call you back.

Wǒ gěi nǐ huí diàn huà.

Wǒ gǎy nǐ hwáy dièn hwàh.

我给你回电话。

Here's an overview of Chinese Internet communication.

Almost everybody has an e-mail address, but not everyone checks mail regularly, so if possible, try the following methods for more frequent email interaction. (Otherwise, everybody has a cell-phone, so you can always resort to phone calls.)

The most popular instant messaging software on PC is "Tencent QQ;" the counterpart used on mobile phones is "WeChat" (by the same company). MSN Messenger is dying if not dead already, Skype is somewhat used but nowhere near the popularity of QQ and WeChat. Yahoo Messenger and ICQ are… you know.

At the time of this writing, Facebook, Twitter and Youtube are still banned in mainland China but are indeed very popular elsewhere (Hong Kong, Taiwan, etc.)

The mainland China equivalent of Facebook is probably QQ's social functions. The equivalent of Twitter is probably Sina Weibo. The equivalent of Youtube is Youku.com. Google is not the best tool for searching for sites in simplified Chinese, so try Baidu.com. For all your online shopping needs, try Taobao.com.

iPhone is arguably more popular than high-end Android phones (e.g. Samsung Galaxy series) in China, and probably elsewhere too.

Fling is more common in big cities, through online dating sites and social softwares that track the position of your phone. Be cautious—establishing relations through the Internet has resulted in a higher risk of crime and STDs, just like everywhere else in the world. (Generally speaking Fling, via a software called Momo 陌陌, has a high risk level for various reasons.)

What is your e-mail address?	**Nǐ de diàn zǐ yóu xiāng shì shén me?**
	Nǐ důh dièn dž yó shiāng shèr shém-můh?
	你的电子邮箱是什么？

电子邮箱 (electronic mail) can be abbreviated as 电邮 (e-mail).

My e-mail address is…	**Wǒ de diàn zǐ yóu xiāng shì…**
	Wǒ důh dièn dž yú shiāng shèr…
	我的电子邮箱是…

I'll send you an e-mail.	**Wǒ huì gěi nǐ fā diàn yóu.**
	Wǒ hueì gǎy nǐ fā dièn yú.
	我会给你发电邮。

Do you have QQ?	**Nǐ yǒu QQ ma?**
	Nǐ yǔ QQ ma?
	你有QQ吗？

What's your QQ number?	Nǐ de QQ hào mǎ shì duō shǎo? *Nǐ dủh QQ hàu-mǎ shèr duō-shǎu?* 你的QQ号码是多少?
My QQ number is….	Wǒ de QQ hào mǎ shì… *Wǒ dủh QQ hàu-mǎ sher…* 我的QQ号码是…
Do you have Wei Xin (Wechat)?	Nǐ yǒu wēi xìn ma? *Nǐ yǔ wēi-shìn ma?* 你有微信吗?
What's your Wei Xin ID?	Nǐ de wēi xìn yòng hù míng shì shén me? *Nǐ dủh wēi-shìn yòng-hù-míng sher shém-mủh?* 你的微信用户名 /ID 是什么?
My Wei Xin number/ ID is….	Wǒ de wēi xìn yòng hù míng shi…. *Wǒ dủh wēi-shìn yòng-hù-míng sher…* 我的微信用户名 /ID 是…

Do you have Facebook/Twitter?

Nǐ yǒu liǎn shū ma?

Nǐ yǔ liěn-shū ma?

你有 Facebook 脸书 吗？

Nǐ yǒu tuī tè ma?

Nǐ yǔ tueī-tùh ma?

你有 Twitter 推特 吗？

What's your (Facebook, Twitter, etc.) ID?

Nǐ de …. yòng hù míng shì shén me?

Nǐ dǔh…. yòng-hù-míng sher shém-mǔh?

你的…用户名是什么？

Do you have Weibo?

Nǐ yǒu wēi bó ma?

Nǐ yǒ wēi-bó ma?

你有微博吗？

What's your? Weibo ID

Nǐ de wēi bó yòng hù míng shì shén me?

Nǐ dǔh wēi-bó yòng-hù-míng sher shém-mǔh?

你的微博用户名是什么？

I have an Android phone.

Wǒ yǒu ān zhuó shǒu jī.

Wǒ yǔ ān-dzuó shǒu-jī.

我有安卓手机。

I have an iPhone.

Wǒ yǒu iPhone.

Wǒ yǔ iPhone.

我有iPhone。

I don't have a smart phone.

Wǒ méi yǒu zhì néng shǒu jī.

Wǒ máy-yǒ dzì-néng shǒu jī.

我没有智能手机。

Do you want to voice-chat?

Nǐ xiǎng yǔ yīn liáo tiān ma?

Nǐ shiǎng yǔ-īng liáu-tiēn ma?

你想语音聊天吗？

Do you want to video-chat?

Nǐ xiǎng shì pín liáo tiān ma?

Nǐ shiǎng shùr-píng liáu-tiēn ma?

你想视频聊天吗？

Let's chat online!

Wǒ men wǎng shàng liáo ba!

Wǒ-men wǎng-shàng liáu ba!

我们网上聊吧！

Let's group-chat online!

Wǒ men wǎng shàng qún liáo ba!

Wǒ-men wǎng-shàng chiún-liáu ba!

我们网上群聊吧！

I'm online.

Wǒ zài xiàn.

Wǒ dzài shièn.

我在线。

I'm offline.	**Wǒ bú zài xiàn.**
	Wǒ bú-dzài shièn.
	我不在线。

Are you online/ offline?	**Nǐ zài xiàn/bú zài xiàn** **ma?**
	Nǐ dzài-shièn1/bú-dzài- *shièn ma?*
	你在线/不在线 吗?

Do you have blue-tooth?	**Nǐ yǒu lán yá ma?**
	Nǐ yǔ lán-yá ma?
	你有蓝牙吗?

Do you have GPS?	**Nǐ yǒu GPS ma?**
	Nǐ yǔ GPS ma?
	你有 GPS 吗?

Bad reception! (phone)	**Xìn hào bù hǎo!**
	Shìn-haù bù hǎu.
	信号不好!

Is there Internet connection here?	**Zhè lì néng shàng wǎng** **ma?**
	Jùh-lǐ néng shàng-wǎng *ma?*
	这里能上网吗?

Is there mobile-Internet connection here?

Zhè lì néng yí dòng shàng wăng ma?
Jùh-lǐ néng yí-dòng shàng-wăng ma?
这里能移动上网吗？

Is there Wi-Fi connection here?

Zhè lǐ yǒu Wi-Fi ma?
Jùh-lǐ yǔ Wi-Fi ma?
这里有 Wi-Fi 吗？

What's the Wi-Fi password?

Wi-Fi mì mǎ shì duō shǎo?
Wi-Fi mì-mǎ sher duō-shǎu?
Wi-Fi 密码是多少？

Do you play video games?

Nǐ wán diàn zǐ yóu xì ma?
Nǐ wán dièn dž yú-shì ma?
你玩电子游戏吗？

Do you play online games?

Nǐ wán wǎng luò yóu xì ma?
Nǐ wán wǎng-luò yú-shì ma?
你玩网络游戏吗？

Let's take a picture together!

Wǒ men hé zhào ba!
Wǒ-men húh-jaù ba!
我们合照吧！

My phone is out of juice!

Wǒ de shǒu jī méi diàn le!

Wǒ duh shǒu-jī máy dièn lǔh.

我的手机没电了！

Literally, "My phone is out of battery!"

I need to recharge....

Wǒ xū yào gěi .... chōng diàn.

Wǒ shiū-yàu gǎy.... chōng-dièn.

我需要给…充电。

7

Lovers' Language

Here's an overall picture of Chinese attitude towards love and sex.

Although once considered pretty conservative, the younger generations are much more open-minded nowadays. Most people born in the late 80s/early 90s will lose their virginity in university if not in high school. Although some elderly people (perhaps most particularly the parents of the groom) would still require virginity (of the bride only!) as a prerequisite to a successful marriage, in general people are fairly relaxed in such matters.

Romantic relationships with a foreigner are by no means rejected, but "rough" incidents have happened way too often, especially when a foreign male (probably drunk) was trying to show off his partner or his own "masculinity" to others—no matter what his intention was (friendly or not). Recent sexual assaults/crimes committed by foreigners towards Chinese women may have worsened the image of a "foreign partner." On the other hand, crimes aimed at the more "sexually-minded foreigners" are rising, so be careful and use common sense. Lastly, technically prostitution is still illegal in China (and in most other Chinese-speaking countries).

Lover Ài rén
Ài-rén
爱人

In mainland China this means "wife" or "husband," but in other countries it means "mistress" or "lover." Don't make the mistake of referring to someone's wife as their mistress.

Electrifying sensation Qǐ diàn.
of love at first sight *Chǐ dièn.*
起电。

Dièn literally means "electricity."

Chemistry Lái diàn
Lái dièn
来电

This usually happens when one falls in love.

Old cows eat tender Lǎo niú chī nèn cǎo.
grass. *Lǎo nioú chēr nùn tsǒw.*
老牛吃嫩草。

This refers to older men chasing younger women.

Man trying to woo a woman.

Pào niū.
Pòw nioū.
泡妞。

Woman trying to catch a rich man.

Diào jīn guī xù.
Diào jīn guāy xù.
钓金龟婿。

Rich man

Yǒu qián rén
Yǒ chién rén
有钱人

Rich woman

Fù jiā nǔ
Fù jiāh niǔ
富家女

Miss (young lady)

Xiǎo jiě
Shiǎu-jiěh
小姐

Sir

Xiān shēng
Shiēn-shūng
先生

Single man

Dān shēn hàn
Dān-shēn hàn
单身汉

Single woman

Dān shēn nǔ láng
Dān-shēn niǔ láng
单身女郎

Single person
Dān shēn guì zú
Dān-shēn guày dzú
单身贵族

Old single man
Gūang gùn
Gūang-guèn
光棍

A man who has never married.

Playboy
Huā huā gōng zǐ
Hwāh hwāh gāng dż
花花公子

You're very cute.
Ní hěn kě ài.
Ní hǔn kǔh-ài.
你很可爱。

You're very pretty.
Ní hěn piào liang.
Ní hǔn piòw-liǎng.
你很漂亮。

You're very beautiful.
Ní hěn měi.
Ní hǔn mǎy.
你很美。

Very charming.
Hěn mí rén.
Hún mí rén.
很迷人。

You're so sexy!	**Nǐ hěn xìng gǎn!** *Nǐ hǔn shìng-gǎn!* 你很性感！
You have a beautiful body!	**Nǐ de shēn cái hěn měi!** *Nǐ-dǔh shūn-tsái hǔn mǎy!* 你的身材很美！
You have beautiful eyes!	**Nǐ de yǎn jing hěn měi!** *Nǐ-dǔh yiěn-ging hǔn mǎy!* 你的眼睛很美！
Beautiful lady	**Měi nǚ** *Mǎy niǔ* 美女
Handsome guy	**Shuài gē** *Swài gūh* 帅哥
You changed your hairstyle.	**Nǐ biàn fà xíng le.** *Nǐ bièn fàh-shíng lǔh.* 你变发型了。
I want to know more about you.	**Wǒ xiǎng gèng liáo jiě nǐ.** *Wǒ shiǎng gèng liáu-jiěh nǐ.* 我想更了解你。
I like you!	**Wǒ xǐ huān nǐ!** *Wǒ shǐ-huān nǐ!* 我喜欢你！

**Do you like ...
girls / boys?**

**Ní xǐ huān… nǚ hái /
  nán hái ma?**
*Ní shǐ-huān… niǔ-hái /
  nán-hái mǎ?*
你喜欢…女孩 / 男孩吗？

Chinese

Zhōng guó rén
Jōng guó rén
中国人

American

Měi guó rén
Mǎy guó rén
美国人

**I'm crazy about
you!**

Wǒ wèi nǐ fēng kuáng!
Wǒ wày nǐ fūng-kwáng!
我为你疯狂！

**I'd like to take
you out
(on a date).**

Wǒ xiǎng qǐng nǐ chū lái.
Wǒ shiǎng chǐng nǐ chū-lái.
我想请你出来。

**Would you like to
dance?**

Nǐ xiǎng tiào wǔ ma?
Nǐ shiáng tiòw-wǔ mǎ?
你想跳舞吗？

**Would you
accompany me?**

Péi wǒ hǎo ma?
Páy wǒ hǒw mǎ?
陪我好吗？

I'll see you home.

Wǒ sòng nǐ huí jiā.
Wǒ sòng nǐ hwáy jiāh.
我送你回家。

I miss you.

Wǒ xiáng nǐ.
Wǒ shiáng nǐ.
我想你。

I want you.

Wǒ yào nǐ.
Wǒ yòw nǐ.
我要你。

Close your eyes.

Bì shàng yǎn jing.
Bì-shàng yěn-jing.
闭上眼睛。

Open your eyes.

Zhāng kāi yǎn jing.
Jūng kāi yěn-jing.
张开眼睛。

Kiss me!

Wén wǒ!
Wén wǒ!*
吻我！

Qīn wǒ!
Chīn wǒ!**
亲我！

* For women only.
** For men only.

Bad breath.

Kǒu chòu.
Kǒ-tsòu.
口臭。

Really stinks.

Hěn chòu.
Hǔn tsòu.
很臭。

Hug me!

Bào wǒ!
Bàu wǒ!
抱我！

I'm yours.

Wǒ shì nǐ de.
Wǒ shèr nǐ-dǔh.
我是你的。

You're mine.

Nǐ shì wǒ de.
Nǐ shèr wǒ-dǔh.
你是我的。

I'm so happy!

Wǒ hěn gāo xìng!
Wǒ hǔn gōw-shìng!
我很高兴！

Stay here.

Liú xià lái.
Lioú shiàh lái.
留下来。

Come close to me.

Kào jìn wǒ.
Kòw jìn wǒ.
靠近我。

What are you doing?

Nǐ zài zuò shén me?
Nǐ dzài dzuò shém-mǔh?
你在做什么？

I want to make love.

Wǒ xiǎng zuò ài.
Wǒ shiǎng dzuò ài.
我想做爱。

Excellent!

Hǎo jí le!
Hǒw jí lǔh!
好极了！

No way!

Bù xíng!
Bù shíng!
不行！

I don't want to get pregnant.

Wǒ bù xiǎng huái yùn.
Wǒ bù shiǎng huái-yuèn.
我不想怀孕。

Is today safe for you?

Jīn tiān shì nǐ de ān quán qī ma?
Jīn-tiēn shèr nǐ-dǔh ān-chuén chēe mǎ?
今天是你的安全期吗？

Are you using protection?

Nǐ yǒu bì yùn ma?
Nǐ yǒ bì-yuèn mǎ?
你有避孕吗？

Please use protection.

Qǐng nǐ dài báo xiǎn tào.
Chǐng nǐ dài báu-shiěn tàu.
请你带保险套。

Means "please wear a condom."

Condom (rubber)

Bì yùn tào
Bì-yuèn tàu
避孕套

Do you have your period?

Nǐ yǒu yuè shì ma?
Nǐ yǒ yuèh-shèr mǎ?
你有月事吗？

Are you on the rag?

Nǐ yǒu yuè jīn ma?
Nǐ yǒ yuèh-jīn mǎ?
你有月经吗？

I've got my period.

Wǒ de yuè jīn lái le.
Wǒ dǔh yuèh-jīn lái lǔh.
我的月经来了。

Is this your first time?

Nǐ shì dì yī cì ma?
Nǐ shèr dì ī-ts mǎ?
你是第一次吗？

Male virgin   Tóng nán zǐ.
                             Tóng nán dzǐ.
                             童男子。

Female virgin   Chù nǚ.
                             Chù-niǔ.
                             处女。

Old virgin   Lǎo chù nǚ.
                             Lǎu chù- niǔ.
                             老处女。

An insulting term for an old, unmarried woman.

Take your ... off.   Tuō xià nǐ de... .
                             Tuō-shiàh nǐ-dǔh... .
                             脱下你的…。

  Clothes   Yī fu.
                             Ī-fǔh
                             衣服

  Coat   Dà yī
                             Dà ī
                             大衣

  Shirt   Chèn shān
                             Chèn-shān
                             衬衫

Bra	**Xiōng zhào**
	Shiōng-jòw
	胸罩
Pants	**Kù zi**
	Kù-tż
	裤子
Dress	**Yáng zhuāng**
	Yáng-juāng
	洋装
Underwear	**Nèi yī**
	Này-ī
	内衣
Shoes	**Xié zi**
	Shiéh-tż
	鞋子
Body	**Shēn tǐ**
	Shūn-tǐ
	身体
Hair	**Tóu fa**
	Tó-fåh
	头发
Eyes	**Yǎn jing**
	Yěn-jing
	眼睛

Ears

Ěr duō
Ěr-duō
耳朵

Lips

Zuǐ chún
Dzuǎy-chuén
嘴唇

Chest

Xiōng bù
Shiōng-bù
胸部

Breasts

Rǔ fáng
Rǔ-fáng
乳房

Nipples

Rǔ tóu
Rǔ-tó
乳头

Rear end (ass)

Pì gu
Pì-gǔ
屁股

Navel

Dù qí
Dù-chée
肚脐

Vagina

Yīn dào
Īng-dòw
阴道

Penis

Yīn jīng
Īng-jīng
阴茎

Testicles

Gāo wán
Gōw-wán
睾丸

Pubic hair

Yīn máo
Īng-máu
阴毛

Your ... is/are so (big/small)!

Nǐ de... hěn (dà/xiǎo)!
Nǐ-dǔh... hǔn (dàh/shiǎu)!
你的…很（大／小）！

Touch me!

Mō wǒ!
Muō wǒ!
摸我！

Don't touch me!

Bú yào pèng wǒ!
Bú-yòw pòng wǒ!
不要碰我！

Don't touch me there!

Bú yào pèng wǒ nà lǐ!
Bú-yòw pòng wǒ nàh-lǐ!
不要碰我那里！

Don't do that!

Bú yào zhè yàng zi!
Bù yòw jùh yàng-dẓ!
不要这样子！

Stop!

Tíng zhǐ!

Tíng-jǐ!

停止！

I'm a little nervous.

Wǒ yóu diǎn jǐn zhāng.

Wǒ yó dién jǐn-jāng.

我有点紧张。

Don't be nervous.

Bú yào jǐn zhāng.

Bú yòw jǐn-jāng.

不要紧张。

I'm afraid.

Wǒ hěn pà.

Wǒ hǔn pàh.

我很怕。

What are you afraid of?

Pà shén me?

Pàh shém-mǔh?

怕什么？

Don't worry about it.

Bú yào dān xīn.

Bù yòw dān shīn.

不要担心。

Bite me!

Yáo wǒ!

Yów wǒ!

咬我！

Lick me!

Tián wǒ!

Tién wǒ!

舔我！

Blow me!

Xī wǒ!
Shī wǒ!
吸我！

Softer.

Qīng yì diǎn.
Chīng ì-diěn.
轻一点。

Bié shǐ jìn.
Biéh shǐ-jìn.
别使劲。

More tender.

Wēn róu yì diǎn.
Wēn-ró ì-diěn.
温柔一点。

Stronger.

Shǐ jìn yì diǎn.
Shǐ-jìn ì-diěn.
使劲一点。

Missionary style.

Zhèng cháng tǐ wèi.
Jèng-cháng tǐ-wày.
正常体位。

Girl on top.

Qí chéng tǐ wèi.
Chí chúng tǐ-wày.
骑乘体位。

Doggie style.

Hòu bèi tǐ wèi.
Hò-bày tǐ-wày.
后背体位。

Have you come?

Nǐ gāo cháo le ma?
Nǐ gōw-chów lǔh mǎ?
你高潮了吗？

Not yet!

Hái méi!
Hái máy!
还没！

I haven't come!

Wǒ hái méi gāo cháo!
Wǒ hái máy gōw-chów!
我还没高潮！

Oh no!

Aì ya!
Aì-yǎ!
哎呀！

Orgy

Zá jiāo.
Záh-jiōw.
杂交。

Anal sex

Gāng jiāo.
Gāng jiōw.
肛交。

Oral sex

Kǒu jiāo.
Kǒ jiōw.
口交。

I'm coming!

Wǒ kuài gāo cháo le!
Wǒ kwài gōw-chów lǔh!
我快高潮了！

I've come!

Wǒ gāo cháo le!
Wǒ gōw-chów lǔh!
我高潮了！

I feel good!

Wǒ hǎo shuǎng!
Wǒ hǒw shuǎng!
我好爽！

Sometimes said after sex.

You do it so well!

Nǐ zuò de hěn hǎo!
Nǐ dzuò-dǔh hǔn hǒw!
你做得很好！

You're brilliant!

Nǐ hěn lì hài!
Nǐ hǔn lì-hài!
你很厉害！

I love you!

Wǒ ài nǐ!
Wǒ ài nǐ!
我爱你！

I don't want to leave you!

Wǒ bù xiǎng lí kāi nǐ!
Wǒ bù shiǎng lí-kāi nǐ!
我不想离开你！

I can't live without you!

Wǒ bù néng méi yǒu nǐ!
Wǒ bù núng máy yǒ nǐ!
我不能没有你！

One more time.

Zài lái yí ci.
Dzài lái lí-tz.
再来一次。

I'm pregnant.

Wǒ huái yùn le.
Wǒ hwái-yuèn lǔh.
我怀孕了。

Abortion

Duò tāi.
Duò-tāi.
堕胎。

Let's get married!

Wǒ men jié hūn ba!
Wǒ-men jiéh-hwēn bǎ!
我们结婚吧！

I want to marry you!

Wǒ xiǎng jià gěi nǐ!
Wǒ shiǎng jiàh gǎy nǐ!*
我想嫁给你！

Wǒ xiǎng qú nǐ!
Wǒ shiǎng chiú nǐ!**
我想娶你！

* For women only.
** For men only.

I have a ...

Wǒ yǒu… .
Wǒ yǒ… .
我有…。

I don't have a ...

Wǒ méi yǒu… .
Wǒ máy yǒ… .
我没有…。

I want a ...

Wǒ yào… .
Wǒ yòw… .
我要…。

I don't want a ...

Wǒ bú yào… .
Wǒ bú-yòw… .
我不要…。

Girlfriend

Nǚ péng yǒu
Niǔ-póng-yǒ
女朋友

Boyfriend	**Nán péng yǒu**
	Nán-póng-yǒ
	男朋友

Wife	**Tài tai**
	Tài-tǎi
	太太

Husband	**Zhàng fū**
	Jàng-fū
	丈夫

I don't love you!	**Wǒ bú ài nǐ!**
	Wǒ bú ài nǐ!
	我不爱你！

I can't go out with you any more.	**Wǒ bù néng zài gēn nǐ chū qù le!**
	Wǒ bù néng zài gūn nǐ chū chiù lǎh!
	我不能再跟你出去了。

I've got another lover.	**Wǒ ài shàng lìng wài yí ge rén.**
	Wǒ ài-shàng lìng-wài í-gǔh rén.
	我爱上另外一个人。

I'm jealous of him / her.	**Wó hěn jì dù tā.**
	Wó hǔn jì-dù tā.
	我很嫉妒他／她。

Let's end our relationship!	**Jié shù wǒ men de gūan xī ba!** *Jiěh-sù wǒ-mèn-dǔh gūan-shī bǎ!* 结束我们的关系吧！
I've got a sexual disease.	**Wǒ zhòng biāo le.** *Wǒ jòng biōw lǔh.* 我中标了。
I've got ...	**Wǒ yǒu... .** *Wǒ yǒ ... .* 我有…。
You gave me	**Nǐ chuán rǎn... gěi wǒ le!** *Nǐ chuán-rǎn... gǎy wǒ lǔh!* 你传染…给我了！
STD	**Xìng bìng** *Shìng bìng* 性病
AIDS	**Ài zi bìng** *Ài-dz bìng* 艾滋病
Herpes	**Pào zhěn** *Pòw-jǔn* 疱疹

Gonorrhea	**Lìn bìng**
	Lìn-bìng
	淋病

Syphilis	**Méi dú**
	Máy-dú
	梅毒

Whore, prostitute	**Jì nǚ**
	Jì-niǔ
	妓女

Whore, prostitute (slang)	**Jī**
	Jī
	鸡

Literally "chicken."

For the Love of Baseball !

First Base
(Got a date)
Yī lěi dǎ.

Second base
(held hands)
Èr lěi dǎ.

Third base
(kissed and fooled
around a bit)
Sān lěi dǎ.

Home run (made love)
Quán lěi dǎ.

8

Vogue Expressions

Freaking awesome!   **Niú bī!**
Niú bī!
牛逼！

Freaking stupid!   **Shǎ bī!**
Shǎh bī!
傻逼！

Awesome!   **Diǎo!**
Diǎu!
屌！

Literally means "penis."

Gigantic Loser   **Diǎo sī.**
Diǎu sz̄.
屌丝。

This is used more as self-mockery rather than a real insult in many cases. Literally means "shredded penis."

New-Rich   Tǔ háo.
Tǔ háu.
土豪。

This refers to rich people with poor taste.

Tall, handsome, rich guy   Gāo fù shuài.
Gāu fù shuài.
高富帅。

Every young Chinese woman's dream.

White, beautiful, rich girl.   Bái fù měi.
Bái fù mǎy.
白富美。

Every young Chinese man's dream

Masterbating (male)   Dǎ fēi jī.
Dǎh fēy jī.
打飞机。

Literally "'shooting the planes" (with semen?)

Masterbating (male)   Lū guǎn.
Lū guěn.
撸管。

Literally "stroking the tube."

Best friend (between males)   Jī yǒu.
Jī yǒ.
基友。

Literally "gay friend," though you don't have to be gay to be called *jī yǒ*.

Best female friend　　　**Guī mì.**

Gueī mì.

闺蜜。

Doesn't just apply to a female friend of a female. Can also refer to a man's best female friend.

So awkward!　　　**Tài jiǒng le!**

Tài jiǒng lǔh!

太囧了！

According to the Chinese 囧 resembles an awkward face.

Anus (which resembles chrysanthemum)　　　**Jú huā.**

Jiú hwāh.

菊花。

A polite yet fashionable way of referring to the anus.

Anal sex　　　**Bào jú.**

Bàu jiú.

爆菊。

Literally "pop the chrysanthemum."

Black "wood ear"　　　**Hēi mù ěr.**

Hēy mù ǔh.

黑木耳。

Refers to the color of the vulva.

Vagina　　　　　　**Bào yú.**
　　　　　　　　　　Bàu yiú.
　　　　　　　　　　鲍鱼。

Literally: an abalone. You may have noticed that in Chinese, the tendency is to use euphamisms like "aba-lone" and "chrysanthemum" (see "Anus") instead of the direct approach.

Penis　　　　　　**Xiǎo jī jī.**
　　　　　　　　　　Shiǎu jī jī.
　　　　　　　　　　小鸡鸡。

Literally "little cock." This is NOT an insult to a man's penis size.

Copycat　　　　　**Shān zhài.**
　　　　　　　　　　Shān jài.
　　　　　　　　　　山寨。

Copycatting famous brands is common in China.

I got blamed/　　**Tǎng zhe yě zhòng qiāng!**
attacked for no　*Tǎng juh yě zhòng chiāng!*
reason!　　　　　躺着也中枪！

Literally, "I lay down but was still not able to dodge the bullet!"

Dear, hon　　　　**Qīn.**
　　　　　　　　　　Chīn.
　　　　　　　　　　亲。

A fashionable way of saying "my dear," not necessarily between lovers.

Young cougar
(between mid 20s–40s)

Qīng shú nǚ.
Chīng shú niǔ.
轻熟女。

Cougar (sophisticated,
mature woman
between 30s–early 50s)

Shú nǚ.
Shú niǔ.
熟女。

Blind date

Xiàng qīn.
Shiàng chīn.
相亲。

Singles' Day

Guāng gùn jié.
Guāng guèn jiéh.
光棍节。

This is a pop culture festival that takes place on November 11 (written as 11.11 in Chinese) to celebrate bachelor life. The date is chosen for the connection between singles and the number "1."

OTHER MAJOR "REAL" FESTIVALS IN CHINA:

New Year's day　　Yuán dàn.
　　　　　　　　　　Yuén dàn.
　　　　　　　　　　元旦。

Chinese Spring　　Chūn jié.
Festival　　　　　 *Chūn jié.*
　　　　　　　　　　春节。

The Chinese new year (according to the Chinese lunar calendar).

Valentine's Day　　Qíng rén jié.
　　　　　　　　　　Chíng rén jiéh.
　　　　　　　　　　情人节。

Mid-Autumn　　　Zhōng qiū jié.
Festival;　　　　　*Jōng chioū jiéh.*
Moon Festival　　中秋节。

A traditional Chinese festival for family get-togethers and feasts.

Christmas　　　　Shèng dàn jié/yē dàn jié.
　　　　　　　　　　Shèng dàn jiéh/yē dàn jiéh.
　　　　　　　　　　圣诞节 / 耶诞节。

I'm ugly but I'm tender.

Wǒ hěn chǒu, kě shì wǒ hěn wēn róu.

Wǒ hǔn tsǒu, kǔh-shèr wǒ hǔn wēn-ró.

我很丑，可是我很温柔。

Usually said by men.

Sexy lady.

Zhèng diǎn.

Jèn-diěn.

正点。

Very cool (fashionable).

Hěn kù.

Hǔn kù.

很酷。

Person completely out of style (geek, hick).

Xiāng ba lǎo.

Shiāng-bǎ lǎu.

乡巴佬。

Stupid-looking person.

Shá guā.

Shiǎh guāh.

傻瓜。

A genius may look stupid.

Dà zhì ruò yú.

Dàh jèr ruò yiú.

大智若愚。

This is an old expression (not exactly in vogue), but is a nice comeback if anyone ever accuses you of looking stupid.

You've solved a problem.	**Bǎi píng.** *Bǎi píng.* 摆平。

I want to fuck.	**Wǒ xiǎng dǎ pào.** *Wǒ shiǎng dǎh pòw.* 我想打炮。

Use with caution—most people would find it rude.

Fuck-buddy	**Pào yǒu.** *Pòw yǒ.* 炮友。

Mistress, home wrecker	**Xiǎo sān.** *Shiǎu sān.* 小三。

Wrinkles on eyes / crow's feet.	**Yú wěi wén.** *Yiú-wǎy wén.* 鱼尾纹。

In the West such wrinkles are known by the slang "crow's feet," as if stepped on by such a bird, but the Chinese don't see it that way. They envision a fish whose body is your eye and whose tail is the wrinkles. The expression literally means "fishtail wrinkles."

FOR THE LOVE OF BASEBALL!

Baseball is a very popular sport in Taiwan. The following expressions were probably coined by the Taiwanese first, since baseball is unpopular anywhere else in most Chinese-speaking regions. However, most young people should be able to at least understand the metaphor.

First base (got a date)   **Yī lĕi dǎ.**
Ī-lăy-dăh.
一垒打。

Second base   **Èr lĕi dǎ.**
(held hands)   *Èr-lăy-dăh.*
二垒打。

Third base   **Sān lĕi dǎ.**
(kissed and   *Sān-lăy-dăh.*
fooled around a bit)   三垒打。

Sometimes "Third Base" can mean "made love already."

Home run (made love)   **Quán lĕi dǎ.**
Chuén-lăy-dăh.
全垒打。

Alternatively, in mainland China, often First base means "held hands;" Second base "kissed and fooled around a bit;" Third base "made love."

A RATING SYSTEM

The Chinese are extremely polite people and are such even when young men are rating women. The following is used by some men as a joke when they categorize women by appearance.

She is very beautiful.   **Tā hěn piào liang.**
Tā hǔn piòw-liǎng.
她很漂亮。

This is said of extremely beautiful women.

She is very cute.   **Tā hěn kě ài.**
Tā hǔn kǔh-ài.
她很可爱。

This is said of women of moderate beauty.

She is very patriotic.   **Tā hěn ài guó.**
Tā hǔn ài-guó.
她很爱国。

This is said of plain-looking women.

She obeys the   **Tā hěn shǒu guī ju.**
rules well.   *Tā hún shǒ gūay-jiu.*
她很守规矩。

This is said of ugly women.

Her writing is very   **Tā de zì hěn piào liang.**
beautiful.   *Tā dǔh dż hǔn piòw-liǎng.*
她的字很漂亮。

This is said of extremely ugly women.

The Tuttle Story
"Books to Span the East and West"

Many people are surprised to learn that the world's leading publisher of books on Asia had humble beginnings in the tiny American state of Vermont. The company's founder, Charles E. Tuttle, belonged to a New England family steeped in publishing.

Tuttle's father was a noted antiquarian book dealer in Rutland, Vermont. Young Charles honed his knowledge of the trade working in the family bookstore, and later in the rare books section of Columbia University Library. His passion for beautiful books—old and new—never wavered throughout his long career as a bookseller and publisher.

After graduating from Harvard, Tuttle enlisted in the military and in 1945 was sent to Tokyo to work on General Douglas MacArthur's staff. He was tasked with helping to revive the Japanese publishing industry, which had been utterly devastated by the war. When his tour of duty was completed, he left the military, married a talented and beautiful singer, Reiko Chiba, and in 1948 began several successful business ventures.

To his astonishment, Tuttle discovered that postwar Tokyo was actually a book-lover's paradise. He befriended dealers in the Kanda district and began supplying rare Japanese editions to American libraries. He also imported American books to sell to the thousands of GIs stationed in Japan. By 1949, Tuttle's business was thriving, and he opened Tokyo's very first English-language bookstore in the Takashimaya Department Store in Nihonbashi, to great success. Two years later, he began publishing books to fulfill the growing interest of foreigners in all things Asian.

Though a westerner, Tuttle was hugely instrumental in bringing a knowledge of Japan and Asia to a world hungry for information about the East. By the time of his death in 1993, he had published over 6,000 books on Asian culture, history and art—a legacy honored by Emperor Hirohito in 1983 with the "Order of the Sacred Treasure," the highest honor Japan can bestow upon a non-Japanese.

The Tuttle company today maintains an active backlist of some 1,500 titles, many of which have been continuously in print since the 1950s and 1960s—a great testament to Charles Tuttle's skill as a publisher. More than 60 years after its founding, Tuttle Publishing is more active today than at any time in its history, still inspired by Charles Tuttle's core mission—to publish fine books to span the East and West and provide a greater understanding of each.